Introdução à Contabilidade

Pearson Education
EMPRESA CIDADÃ

Introdução à Contabilidade

Raimundo Aben Athar

PEARSON

© 2005 by Raimundo Aben Athar

Todos os direitos reservados. Nenhuma parte desta publicação poderá ser reproduzida ou transmitida de qualquer modo ou por qualquer outro meio, eletrônico ou mecânico, incluindo fotocópia, gravação ou qualquer outro tipo de sistema de armazenamento e transmissão de informação, sem prévia autorização, por escrito, da Pearson Education do Brasil.

Diretor Editorial: José Braga
Gerente Editorial: Roger Trimer
Gerente de Produção: Heber Lisboa
Editora de Desenvolvimento: Renatha Prado
Editora de Texto: Adriane Gozzo
Preparação: Alexandra Costa
Revisão: Rita Sorrocha
Capa: Letter Artes Gráficas

Editoração Eletrônica: ERJ Composição Editorial e Artes Gráficas Ltda.

**Dados Internacionais de Catalogação na Publicação (CIP)
(Câmara Brasileira do Livro, SP, Brasil)**

Athar, Raimundo Aben

Introdução à contabilidade / Raimundo Aben Athar. -- São Paulo : Prentice Hall, 2005.

Bibliografia.
ISBN 978-85-7605-014-8

1. Contabilidade I. Título.

04-5853   CDD-657

Índice para catálogo sistemático:
1. Contabilidade   657

Direitos exclusivos para a língua portuguesa cedidos à
Pearson Education do Brasil,
uma empresa do grupo Pearson Education
Avenida Santa Marina, 1193 – Água Branca
CEP: 05036-001, São Paulo – SP
Fone: (11) 3821-3542
vendas@pearson.com

Sumário

Prefácio		XI
Capítulo 1	**Contabilidade, uma equação de fácil solução**	**1**
	1.1 Quer decidir? Resolva a equação!	1
	1.2 Usuários da informação contábil	4
	1.3 Especializações na área contábil	5
	1.4 Funções da contabilidade	6
Capítulo 2	**Componentes patrimoniais**	**7**
	2.1 Tipos de bens	7
	2.2 Tipos de direitos	8
	2.2.1 Créditos de funcionamento	9
	2.2.2 Créditos de financiamento	9
	2.3 Obrigações	9
	2.3.1 Débitos de funcionamento	9
	2.3.2 Débitos de financiamento	9
	2.4 Patrimônio líquido	10
	2.4.1 Formação do patrimônio líquido	10
	2.5 Formação do resultado	11
	2.5.1 Conceito de receita	15
	2.5.2 Conceito de despesa	15
	2.5.3 Conceito de desembolso	16
	2.5.4 Conceito de investimento	16
	2.5.5 Conceito de custo	16
	2.5.6 Conceito de resultado	17
	2.6 Estruturação dos componentes patrimoniais	19

Capítulo 3   Registro, controle e mensuração dos fatos contábeis   21

- 3.1 Fatos permutativos 21
- 3.2 Fatos modificativos 22
  - 3.2.1 Modificativos aumentativos 22
  - 3.2.2 Modificativos diminutivos 22
- 3.3 Fatos mistos 22
  - 3.3.1 Mistos aumentativos 22
  - 3.3.2 Mistos diminutivos 23
- 3.4 Registro dos fatos contábeis 23
  - 3.4.1 Conta 23
  - 3.4.2 Lançamentos 24
- 3.5 Método das partidas dobradas 25
- 3.6 Livros fiscais utilizados pela contabilidade 28
  - 3.6.1 Livro diário 28
  - 3.6.2 Livro razão 30
- 3.7 Retificação de lançamentos 31
  - 3.7.1 Estorno 31
  - 3.7.2 Complementação 32
  - 3.7.3 Transferência 32

Capítulo 4   Elaboração das demonstrações contábeis   33

- 4.1 Exercício social 33
- 4.2 Conceito de ação, dividendos e sociedade anônima 34
- 4.3 Balancete de verificação 34
- 4.4 Apuração do resultado do exercício 36
  - 4.4.1 Processo de apuração do resultado do exercício .. 37
- 4.5 Distribuição do resultado do exercício 39
- 4.6 Regime de competência *versus* regime de caixa 40
  - 4.6.1 Regime de competência 41
  - 4.6.2 Regime de caixa 42
- 4.7 Plano de contas 43
  - 4.7.1 Estrutura do plano de contas 44
- 4.8 Princípios fundamentais de contabilidade 45
  - 4.8.1 Entidade 47
  - 4.8.2 Continuidade 48
  - 4.8.3 Custo histórico como base de valor 48
  - 4.8.4 Denominador comum monetário 48
  - 4.8.5 Realização da receita 48

		4.8.6	Competência dos exercícios · 49

            4.8.6   Competência dos exercícios · 49
            4.8.7   Objetividade · 49
            4.8.8   Materialidade · 49
            4.8.9   Conservadorismo · 49
            4.8.10 Consistência · 50
      4.9   Levantamento das demonstrações contábeis · · · · · · · · · · · · · · · · 50

Capítulo 5   Estrutura das demonstrações contábeis   52

      5.1   DRE — demonstração do resultado do exercício · · · · · · · · · · · · · 52
            5.1.1   Estrutura da demonstração do resultado do exercício · · · · 53
      5.2   Balanço patrimonial · 55
            5.2.1   Ativo circulante · 55
            5.2.2   Ativo realizável a longo prazo · 59
            5.2.3   Ativo permanente · 61
            5.2.4   Passivo circulante · 64
            5.2.5   Passivo exigível a longo prazo · 65
            5.2.6   Resultado de exercícios futuros · 66
            5.2.7   Patrimônio líquido · 67
            5.2.8   Estrutura do balanço patrimonial · 73
      5.3   DLPA — demonstração de lucros ou prejuízos acumulados · · · · · · 74
      5.4   DMPL — demonstração das mutações do patrimônio líquido · · · 76
            5.4.1   Estrutura da DMPL · 77
      5.5   Demonstração das origens e aplicações de recursos · · · · · · · · · · · · 78
            5.5.1   A importância da DOAR · 78
            5.5.2   Finalidade da DOAR · 81
            5.5.3   Contas circulantes *versus* contas não circulantes · · · · · · · · 81
            5.5.4   Estrutura da demonstração das origens e aplicações de
                     recursos · 85
      5.6   DVA — demonstração do valor adicionado · · · · · · · · · · · · · · · · · · 86
            5.6.1   O que é valor adicionado? · 86
            5.6.2   Como elaborar a demonstração do valor adicionado · · · · 89
            5.6.3   Estrutura da demonstração do valor adicionado · · · · · · · 94
            5.6.4   O papel dos juros nas empresas não financeiras e
                     financeiras · 98
            5.6.5   Perspectivas para a DVA no Brasil · · · · · · · · · · · · · · · · · · · 100
      5.7   Demonstração do fluxo de caixa · 101
            5.7.1   Equação para chegar ao 'caixa' das empresas · · · · · · · · · · 101

VIII   Introdução à contabilidade

	5.7.2 Demonstração do fluxo de caixa — método direto 103	
	5.7.3 Demonstração do fluxo de caixa — método indireto ... 104	
5.8	Notas explicativas 104	

Capítulo 6   Tópicos especiais em contabilidade — 106

- 6.1 Provisões em contabilidade 106
  - 6.1.1 Provisão para férias e 13º salário 106
  - 6.1.2 PDD — Provisão para devedores duvidosos 107
  - 6.1.3 Provisão para desvalorização de estoques 108
  - 6.1.4 Provisão para perdas com investimentos 109
- 6.2 Duplicatas descontadas 110
- 6.3 Amortização 111
- 6.4 Depreciação 112
- 6.5 Valorização e avaliação de estoques 114
  - 6.5.1 Inventário periódico 115
  - 6.5.2 Inventário permanente 118

Capítulo 7   Introdução à contabilidade de custos — 121

- 7.1 Classificação dos custos 122
  - 7.1.1 Custos diretos 122
  - 7.1.2 Custos indiretos 122
  - 7.1.3 Custos fixos 123
  - 7.1.4 Custos variáveis 123
  - 7.1.5 Custos semivariáveis 123
  - 7.1.6 Custos semifixos 124
- 7.2 Características dos custos 124
- 7.3 Expressões comuns na contabilidade de custos 125
  - 7.3.1 Matéria-prima consumida 125
  - 7.3.2 MOD — mão-de-obra direta 125
  - 7.3.3 GGF — gastos gerais de fabricação 125
  - 7.3.4 CPP — custos da produção no período 126
  - 7.3.5 CPAP — custo de produção acabada no período 126
  - 7.3.6 Custo primário ou direto 126
  - 7.3.7 Custo de transformação ou conversão 126
  - 7.3.8 Cpv — custo do produto vendido 127
- 7.4 Escrituração na contabilidade de custos 127
  - 7.4.1 Materiais diretos ou matéria-prima 127
  - 7.4.2 Mão-de-obra direta 127

	7.4.3	Gastos gerais de fabricação ·············· 128
	7.4.4	Estoque de produtos em elaboração ········ 129
	7.4.5	Estoque de produtos acabados ············· 129
	7.4.6	Cpv — custo dos produtos vendidos ········ 129
7.5	Custo da mão-de-obra ·············· 132	
	7.5.1	Cálculo do custo da mão-de-obra ·········· 132
7.6	Contabilização da folha de pagamento ········ 134	
7.7	Métodos de custeio ·············· 135	
	7.7.1	Custeio por absorção ·············· 136
	7.7.2	Custeio variável ou direto ·············· 136
7.8	Margem de contribuição ·············· 137	
	7.8.1	Análise da margem de contribuição ········· 138
7.9	Relações custo/volume/lucro — ponto de equilíbrio ······ 139	

Capítulo 8 Introdução à análise de balanços — 144

- 8.1 A importância da análise de balanços ············ 144
- 8.2 Limitações da análise de balanços ············ 145
- 8.3 Técnicas utilizadas na análise ············ 146
    - 8.3.1 Análise vertical ou de composição ············ 146
    - 8.3.2 Análise horizontal ou de evolução ············ 147
    - 8.3.3 Análises por meio de índices ou quocientes ········· 150
- 8.4 Indicadores econômico-financeiros ············ 151
    - 8.4.1 Índices de liquidez ············ 151
    - 8.4.2 Índices de estrutura ou endividamento ············ 154
    - 8.4.3 Índices operacionais ············ 158
    - 8.4.4 Índices de rentabilidade ············ 162
    - 8.4.5 Índices do mercado de capitais ············ 164

Capítulo 9 Exercícios de fixação — 166

- Exercício 1 ············ 166
- Exercício 2 ············ 167
- Exercício 3 ············ 168
- Exercício 4 ············ 169
- Exercício 5 ············ 170
- Exercício 6 ············ 171
- Exercício 7 ············ 171
- Exercício 8 ············ 172
- Exercício 9 ············ 172

Exercício 10 173
Exercício 11 (testes de múltipla escolha) 173
Exercício 12 177
Exercício 13 177
Exercício 14 178
Exercício 15 179
Exercício 16 181
Exercício 17 182
Exercício 18 184
Exercício 19 186
Exercício 20 187
Exercício 21 190
Exercício 22 191
Exercício 23 191
Exercício 24 192
Exercício 25 194
Exercício 26 196
Exercício 27 (testes de concursos públicos federais) 198

Referências bibliográficas   **201**

Sobre o autor   **202**

Índice   **203**

Prefácio

Apesar de destinar-se, num primeiro momento, ao contador, este prefácio pode ser entendido por qualquer pessoa que queira aprender a ciência contábil. Ele se destina ao profissional da contabilidade, que, apesar de tão importante nas organizações, é tão mal-aproveitado por elas, talvez por culpa dele próprio, e infelizmente também mal-reconhecido pela sociedade. Pretendo, com este livro, modestamente alertar o contador sobre sua profissão na dita 'era global'.

Se nada for feito, o contador poderá vir a ser, no futuro, um mero analista de informação, um intermediário entre o profissional que elabora *softwares* e os usuários da informação contábil. Ele passará a vida torcendo para que as leis societárias e fiscais sejam alteradas a todo momento, para assim poder 'ajudar' na criação de novos *softwares*. É verdade que sobrarão os contadores responsáveis pelo levantamento das peças contábeis na empresa e encarregados de assiná-las, mas que assumirão a paternidade de um produto que já vem pronto, perfeito e acabado, fruto de uma leve pressão na tecla 'Enter' de qualquer computador.

Ora, se *fazer* a contabilidade é trabalho da tecnologia, sobra ao contador apenas a tarefa de entendê-la. Mas cuidado! Nos cursos de graduação de administração e economia, a ciência contábil é disciplina essencial. Então, o que falar dos cursos de pós-graduação? São engenheiros, advogados, administradores, economistas e uma série de outros profissionais, todos interessados em *entender* a contabilidade, não em apenas *fazê-la*. Devemos pensar muito bem a respeito do assunto. Não que tenhamos uma visão apocalíptica do futuro do contador — não, longe disso —; no entanto, é preciso enfatizar a enorme diferença entre produzir informações contábeis e analisá-las. Para o leigo em contabilidade, a coisa funciona mais ou menos assim: quem produz a informação é o contador, mas quem a entende é o economista, o engenheiro, o administrador e até mesmo os jornalistas. Aonde queremos chegar com essa herética conclusão? Vejamos: a ciência contábil produz uma lógica que faz 'empatar' o que se origina de recursos com o que se aplica desses recursos, ou seja, a singeleza da equação do balanço, o lado direito igualzinho ao lado esquerdo — isso gera nos usuários da informação contábil, principalmente em nós, contadores, uma sensação, eu diria, de euforia. Mas isso é apenas produção de informações, nada que um bom *software* não consiga 'rodar', nada que um bom plano de contas não consiga esclarecer, nada que um bom manual sobre função e funcionamento das contas não consiga resolver. Em resumo, a produção de informações pode ser efetuada por 'alguém' que tenha apenas conhecimentos de contabilidade, que tenha formação contábil, sem ser propriamente um contador.

Sabemos — os leigos não — que vivemos num país em que as leis societárias e fiscais ditam regras nem sempre compatíveis com o que preconizam os princípios da ciência contábil, contribuindo para o surgimento de 'contabilidades' aparentemente distintas — a fiscal, a societária e a gerencial —, levando o contador, por exemplo, no caso da contabilidade fiscal, a reconhecer fatos contábeis com escudo legítimo — a elisão —, e este fato a ser interpretado nem tanto como escudo: a evasão. Mais complicadas ainda são as figuras concomitantes do 'lucro contábil e prejuízo fiscal' ou 'prejuízo contábil e lucro fiscal' que propiciam uma dicotomia difícil de ser entendida pelo leigo.

Analisando tais fatos sob um enfoque estritamente ético, sabemos que não é tênue a diferença entre erros involuntários (erro de verdade) e voluntários (fraude), mas que a diferença de critérios e regras para a produção dos números da contabilidade o é, disso não temos dúvida. Vejam os casos mundiais de fraudes em que a ciência contábil acaba sendo maculada: Enron, Wordcom e mais recentemente a Parmalat.

Seja pela subjetividade do cálculo das despesas geradas pelo conservadorismo ou, em outras palavras, pelo ato de demonstrar os valores efetivamente recebíveis; seja pela interpretação do que é obsoletismo em estoques e os critérios para avaliá-los; seja pela aplicabilidade dos conceitos de **caixa** e **competência**; seja pela mensuração dos ativos ao custo menos depreciação, muito embora, se a empresa interrompesse suas atividades num dado momento, o valor real daqueles ativos poderia vir a ser completamente diferente; enfim, poderíamos enumerar aqui um rol enorme de fatos que propiciariam números maiores ou menores segundo a 'vontade do freguês', quer dizer, do produtor da informação contábil. Detalhes técnicos da contabilidade o leigo desconhece, mas percebe que o número produzido sofreu, digamos, uma certa flexibilização — ou, numa linguagem bem menos eufemizada, a percepção é de que o número foi manipulado. Assim, se critérios e regras interpretados de formas diferentes, mas legítimas, produzem números distintos, imaginem então quando os fatos contábeis são reconhecidos sem documentação idônea, quando o postulado da entidade é desconsiderado, quando não há nem mesmo documentação característica do fato contábil? Pronto! Temos um caldo perfeito para o total descrédito da nossa profissão perante a sociedade.

Fraudes sempre ocorrerão em qualquer profissão. A cadeia sempre existirá para qualquer profissional que cometer atos ilícitos. Contudo, a percepção da sociedade é a de que as peças contábeis são sempre um festival de números que foram manipulados. E quem 'paga o pato'? O produtor do número: o contador.

É essa visão de *fazedor* e *refazedor* de números que precisa ser banida, pois é um ponto de vista alimentado constantemente pela imprensa e, infelizmente, por alguns profissionais da nossa classe, que fazem com que a imagem do contador seja, para dizermos o mínimo, apenas a de um 'preenchedor de formulários', 'preenchedor de guias de impostos', ou a de um 'guardião de livros' exigido pelas autoridades governamentais.

Vamos aliar agora todas as questões até aqui discutidas: a) *fazer* contabilidade, o mesmo que tecnologia, critérios e regras, que, dependendo da intenção, produzem números distintos; b) *manipulação* e c) *fraudes*. Todas essas questões precisam ser debatidas pelos profissionais da contabilidade num fórum *circulante* e *permanente* de idéias, a fim de que a sociedade como um todo perceba que o alcance informativo da contabilidade depende de uma série de regras que precisam e devem ser respeitadas. Mais ainda: frisar perante a imprensa especializada e a imprensa em geral as discordâncias da classe (e entre a classe) contábil diante de situações que possam levantar dúvidas de interpretação. Ou então que estejamos preparados para assistir passivamente à ocupação, por outros profissionais, de um espaço que naturalmente seria do contador, bem como que outros profissionais chamem a imprensa para dizer que o **balanço** não expressa a realidade da empresa; que estejamos preparados para assistir ao 'desfile da banda' quando, na verdade, podemos ser, se quisermos, o seu regente.

Sem nenhum tipo de corporativismo: não há melhor profissional que o contador para a gestão financeira de uma empresa, para a controladoria, a tesouraria, o orçamento e o planejamento. Sabem por quê? Porque não se toma uma decisão, em qualquer empresa, sem estar com um relatório produzido pela contabilidade em mãos. Pois é... Não fomos formados apenas para produzir números, mas fundamentalmente para entendê-los, criticá-los e informá-los às outras pessoas. A sociedade não tem a mínima idéia do que é levantar peças contábeis numa profusão de regras, normas e leis, algumas criadas mais parece que para confundir do que para explicar.

Em qualquer época, as informações para a tomada de decisão sempre estiveram calcadas no binômio velocidade e qualidade. Num mundo dito global, é uma questão de sobrevivência. Preparemo-nos, pois, para o momento em que a tecnologia igualará todas as empresas. Preparemo-nos para o momento em que haverá universalidade dos princípios contábeis; para o momento em que tais princípios, além de fundamentais e geralmente aceitos, serão *globais*; e para o momento em que as leis de cada país seguirão também um padrão universal, com pouca ou nenhuma margem para subjetividades.

E aí, senhor contador, preparado para o futuro?

Prof. Raimundo Aben Athar
raimundoathar@aol.com

CAPÍTULO 1
Contabilidade, uma equação de fácil solução

1.1 Quer decidir? Resolva a equação!

Uma entidade, seja ela pessoa jurídica, com ou sem fins lucrativos, seja ela pessoa física, precisa satisfazer necessidades de ordem econômico-financeira, como compra à vista ou a prazo de mercadorias para revenda, compra de máquinas ou equipamentos para uso da entidade, aplicação financeira ou qualquer outro investimento, fruto de eventuais sobras de recursos, ou ainda solicitação de empréstimo, venda de mercadorias à vista ou a prazo, pagamento dos salários dos empregados, das contas devidas às companhias de energia, água, gás, telefone etc. Em resumo, satisfazer necessidades econômico-financeiras de uma entidade é toda e qualquer destinação ou aplicação dos recursos disponíveis para serem utilizados pela entidade. Porém, a grande questão que precisa ser respondida é: De onde virão os recursos para a satisfação dessas necessidades? Sim, a pergunta é pertinente, pois os recursos podem ter sido originados pela própria entidade (recursos próprios) ou por outras entidades (recursos de terceiros), e, evidentemente, os custos de cada tipo de recurso são diferentes. Veja a seguir (Equação 1.1) que a questão anterior pode ser transformada numa simples equação:

$$\text{Aplicação de recursos} = \text{Origens de recursos}$$

Equação 1.1

Segmentando mais ainda a Equação 1.1, teremos:

$$\text{Aplicações de recursos} = \begin{matrix}\text{Origens externas}\\ \text{ou}\\ \text{Capitais de terceiros}\end{matrix} + \begin{matrix}\text{Origens internas}\\ \text{ou}\\ \text{Capitais próprios}\end{matrix}$$

Equação 1.2

As equações 1.1 e 1.2 apenas transformam em linguagem matemática aquilo que intuitivamente já sabíamos, ou seja, se uma entidade *originar* cem unidades monetárias, próprias ou de terceiros, ela poderá *aplicar* ou destinar apenas as mesmas cem unidades monetárias, pois a ciência contábil se vale dessas relações lógicas bastante simples para mensurar e controlar o patrimônio de qualquer entidade.

Apenas para enfatizarmos a questão da lógica matemática na ciência contábil, vamos imaginar uma empresa que tenha como objetivo revender determinada mercadoria com lucro. Imaginemos ainda que a empresa está constituída há algum tempo, ou seja, possui vários bens, inclusive direitos sobre outras pessoas (uma venda a prazo por exemplo), e, finalmente, possui dívidas, obrigações com terceiros. É possível, a partir dessas questões, construir uma nova equação:

$$B + D - O = SL$$
Equação 1.3

Onde: B = Bens
D = Direitos
O = Obrigações
SL = Situação líquida

Neste momento, é conveniente lembrar que todas as formulações até aqui discutidas são axiomáticas por essência, ou seja, são proposições evidentes por si mesmas.

Se uma empresa possui bens e direitos, mas possui também obrigações — e se diminuirmos tais obrigações desses bens e direitos —, encontraremos uma **situação líquida** (SL), a qual representa a parcela dos bens e direitos livre das dívidas, isto é, a riqueza realmente própria da empresa, chamada tecnicamente de **capital próprio** ou **origens internas de recursos** (Equação 1.2).

Note que a Equação 1.4 pode ser formulada da seguinte maneira:

$$B + D = O + SL$$
Equação 1.4

Observe ainda que, identicamente ao que foi demonstrado na Equação 1.2, o lado direito da Equação 1.4 também nos aponta o total das origens de recursos da empresa e ainda mais: como esses recursos foram originados. As **obrigações** (O) são as dívidas que representam os **capitais de terceiros**. A **situação líquida** (SL) representa o patrimônio da entidade, líquido das dívidas ou obrigações, ou seja, o **capital próprio** da entidade.

- As quatro equações apresentadas são expressões lógicas para problemas bastante característicos de nossa sociedade, isso porque, na satisfação de suas necessidades, o homem defronta-se com dois problemas, ambos de fundamental importância e que resumem toda sua atividade econômica: (1) Quais os bens de que necessita? e (2) Como obtê-los?

Portanto, fica claro que para satisfazer nossas necessidades econômico-financeiras teremos sempre de considerar:

- Onde aplicar os recursos? — Aplicação
- Onde obter os recursos? — Origem

É esse o contexto em que se insere a contabilidade, uma ciência que estuda e pratica as funções de orientação, controle e registro do patrimônio de qualquer entidade. E o que é patrimônio? Numa definição extremamente simples, patrimônio é o conjunto de bens, direitos e obrigações vinculados às entidades. A contabilidade é por excelência uma ciência que existe para *registrar*, *controlar* e *mensurar* o patrimônio das entidades de qualquer natureza. É ciência porque, como qualquer ciência, possui um campo de atuação, que são as entidades (as empresas, mais especificamente falando); possui um escopo, um propósito, que é o patrimônio das entidades; e, finalmente, porque tem um método, o das partidas dobradas, que nada mais é que um mero artifício lógico para manter equilibradas as equações apresentadas.

A contabilidade informa, coleta, registra, resume e interpreta dados e fenômenos que afetam a situação patrimonial, financeira e econômica de qualquer entidade. É por meio da contabilidade que podemos evidenciar os aspectos qualitativos e quantitativos do patrimônio. E como a contabilidade faz isso? Registrando os fatos caracterizadores da formação, da movimentação e das variações do patrimônio das entidades, condensando-os em demonstrações expositivas, chamadas **demonstrações contábeis**, exercendo, assim, um verdadeiro controle sobre aquele patrimônio e fornecendo a uma gama muito extensa de usuários informações necessárias para a tomada de decisão.

Em contabilidade, o patrimônio se apresenta de três formas: **ativo**, **passivo exigível** e **patrimônio líquido**.

Não vale a pena discutirmos aqui a etimologia das palavras *ativo* e *passivo*, até porque nos falta competência para tanto. Basta-nos saber que **ativo** são todos os bens e direitos de propriedade da empresa que podem ser mensurados monetariamente e vir a proporcionar benefícios no presente ou no futuro. Numa indústria, podemos exemplificar como bens as máquinas, os terrenos, os estoques de mercadorias, dinheiro, veículos, imóveis etc. Como direitos, teríamos as duplicatas e os títulos a receber, os depósitos bancários, os títulos de crédito em geral etc. O **passivo exigível** representa as exigibilidades da empresa com terceiros, ou seja, as dívidas, as obrigações que a entidade contraiu, os impostos a pagar ou a recolher, as dívidas com fornecedores, os empréstimos contraídos etc. O **patrimônio líquido** representa as fontes internas de recursos — é também chamado de **capital próprio**. A aplicação inicial dos proprietários (a primeira aplicação) denomina-se contabilmente **capital social**. Se houver outras aplicações ao longo do tempo de vida da empresa, teremos acréscimos de capital. O patrimônio líquido também é acrescido dos rendimentos resultantes do capital aplicado pelos proprietários — esse rendimento chama-se **lucro**. O lucro é resultante das atividades operacionais da empresa e obviamente pertence aos proprietários. Toda entidade necessita de recursos materiais e financeiros para serem aplicados em suas atividades. Vimos também que tais recursos são originados de fontes externas e internas. As origens internas representam o capital dos proprietários da empresa; as origens externas, os capitais de terceiros. Assim, se admitirmos que o ativo representa os bens e direitos da empresa, admitiremos por extensão que a forma de adquiri-lo pode ser interna (capital próprio) ou externa (capital de terceiros). Estamos diante da mesma relação lógica apresentada nas páginas iniciais deste trabalho — podemos agora reescrever nossa equação inicial:

$$\text{Ativo} = \text{Passivo exigível} + \text{Patrimônio líquido}$$
Equação 1.5

A Equação 1.5 é chamada de **equação fundamental da contabilidade** ou **equação do balanço**, porque consiste em *balancear* o total das origens com o total das aplicações de recursos ou, em outras palavras, o total do ativo com a soma do total do passivo exigível com o patrimônio líquido conhecido como **balanço patrimonial**, que, na verdade, é a principal demonstração expositiva dos bens, direitos e obrigações da empresa e que nos aponta ainda a maneira como tais bens e direitos foram originados. Vejamos a equação fundamental da contabilidade apresentada na forma de balanço patrimonial:

BALANÇO PATRIMONIAL	
Ativo	Passivo + PL
Bens................................	Obrigações............................
Direitos.............................	Patrimônio líquido.................
Total................................ XXX	Total XXX

1.2 Usuários da informação contábil

Nunca é demais enfatizar que a contabilidade, ao registrar os fatos caracterizadores da formação, da movimentação e das variações do patrimônio das entidades, e posteriormente condensá-los em demonstrações expositivas, exerce controle sobre o patrimônio das entidades. O exercício de tal controle permite à entidade quantificar e mensurar seu patrimônio, possibilitando uma perfeita tomada de decisão para uma infinidade de usuários da informação contábil. Demonstrações expositivas são relatórios contábeis, chamados tecnicamente de **demonstrações contábeis**, os quais informam e expõem a situação patrimonial, financeira, econômica e de resultados, bem como a forma como a empresa originou os recursos (próprios ou de terceiros) e a destinação dada a eles (aplicação).

Diversos usuários, internos e externos às empresas, têm interesse na informação contábil, isso porque precisam tomar decisões e necessitam ter conhecimento sobre a situação financeira, patrimonial, econômica, de resultados, a forma e a proporção como a empresa origina e aplica os recursos. Enfim, por diversos motivos, existem várias pessoas ou agentes econômicos ávidos pelos relatórios produzidos pela contabilidade. Observe a Tabela 1.1.

Tabela 1.1

AGENTES ECONÔMICOS	INTERESSE NA INFORMAÇÃO CONTÁBIL
1 — Sócios, acionistas, investidores	1 — Verificar níveis de liquidez, rentabilidade e risco nos investimentos
2 — Administradores, executivos, diretores, etc.	2 — Fornecer elementos para a tomada de decisão quanto aos aspectos da gestão financeira e econômica no presente e no futuro
3 — Fornecedores da empresa	3 — Analisar a concessão de crédito
4 — Bancos, financeiras etc.	4 — Analisar a concessão de crédito
5 — Governo	5 — Para fins de tributação
6 — Pessoas físicas	6 — Controle do patrimônio individual

1.3 Especializações na área contábil

A contabilidade pode ser dividida em dois grandes ramos: a **contabilidade geral**, que trata dos princípios, das normas e das funções que se aplicam às empresas de ordem geral, e a **contabilidade aplicada**, que utiliza tais princípios, normas ou funções em determinada empresa. Assim, temos a contabilidade específica para empresas industriais, comerciais, públicas, de seguros e agrícolas e instituições financeiras. Ainda que o mecanismo contábil seja idêntico, cada ramo da contabilidade tem condições que lhe são próprias, ou seja, o tratamento contábil e administrativo é adequado às diversas formas de especialização.

1.4 Funções da contabilidade

Duas são as funções da contabilidade: a **função econômica,** que se expressa pela determinação do **lucro,** e a **função administrativa,** que representa em linhas gerais o **controle** do patrimônio. É por meio dos dados fornecidos pela contabilidade que o administrador tomará importantes decisões, respondendo, entre outras, a uma série de questões, como:

- Qual é a capacidade de pagamento da empresa a curto prazo? E a longo prazo?
- O aumento do lucro deveu-se ao aumento real das vendas ou os custos é que foram reduzidos?
- Os níveis de estoque estão em quantidades adequadas?

Exemplificando: o presidente da empresa Delta S.A. comparou os resultados dos exercícios de 20X1 e 20X2 e fez a seguinte pergunta: Nossa empresa, de um ano para outro, melhorou ou piorou? Para sua resposta, admita que de 20X1 para 20X2 não ocorreu nenhuma inflação.

Demonstração do resultado	Em mil R$	
	20X1	20X2
Vendas do ano	1.000,00	1.500,00
(–) Custo das vendas	(300,00)	(600,00)
Resultado do ano (lucro)	700,00	900,00
Margem de lucro (lucro/vendas)	70%	60%

Sem dúvida, a empresa piorou, isso porque, em 20X1, para cada Real vendido, havia um retorno (margem de lucro) de R$ 0,70. Em 20X2, esse retorno diminuiu para R$ 0,60. Mas por que a empresa piorou? Simples. Repare que o aumento nas vendas foi de 50%, assim calculado: [(1.500/1.000) – 1] × 100, mas o aumento nos custos foi de 100%, assim obtido: [(600/300) – 1] × 100. Um acompanhamento dos relatórios contábeis apontaria os motivos para o aumento nos custos ou, pelo menos, a tendência de alta. É isso: a contabilidade permitirá a qualquer usuário da informação contábil, como o administrador, o próprio contador e o investidor, mensurar, acompanhar, quantificar e qualificar os números da empresa, permitindo ainda uma avaliação dos seus próprios desempenhos na condução e/ou administração dos negócios relacionados à atividade empresarial.

2 Componentes patrimoniais

Sabemos que toda empresa precisa de recursos materiais e financeiros para aplicar em suas atividades, o que chamamos de satisfação de necessidades econômico-financeiras. Vimos que tais recursos são originados de fontes internas e externas. As origens internas representam o capital próprio, e as externas, os capitais de terceiros. Sabemos que **patrimônio** é o conjunto de **bens**, **direitos** e **obrigações** vinculados às entidades. Em linguagem matemática, teremos:

$$\text{Bens} + \text{Direitos} - \text{Obrigações} = \text{Situação líquida}$$
Equação 2.1

ou

$$\text{Ativo} = \text{Passivo exigível} + \text{Patrimônio líquido}$$
Equação 2.2

2.1 Tipos de bens

Os bens podem ser definidos como tudo aquilo capaz de ser avaliado economicamente e de satisfazer as necessidades das entidades, sejam estas pessoas físicas ou jurídicas. Em contabilidade, os bens podem ser materiais ou imateriais. Vejamos a seguir a definição para cada um deles.

a) **Bens materiais**

Têm existência física e dividem-se em:
- bens numerários;
- bens de venda;
- bens fixos ou imobilizados;
- bens de renda;
- bens de consumo.

Bens numerários
Proporcionam liquidez imediata às entidades, isto é, são ou transformam-se rapidamente em 'dinheiro vivo': caixa, bancos, aplicações financeiras de liquidez imediata.
Bens de venda
São os bens adquiridos pela empresa para serem revendidos e que atendem ao objeto social da entidade. Por exemplo: estoques de mercadorias num comércio, estoques de matérias-primas, produtos em elaboração e produtos acabados numa indústria.
Bens fixos ou imobilizados
São os bens duráveis, com vida útil superior a um ano, e utilizáveis na atividade operacional da entidade. Exemplos: imóveis, veículos, máquinas, equipamentos, móveis, utensílios etc.
Bens de renda
São os bens utilizáveis apenas para obtenção de renda e, portanto, não se destinam a atender os objetivos da empresa. E que objetivos são estes? Num comércio, comprar e vender mercadorias; numa indústria, transformar determinada matéria-prima em produto e revendê-lo. Por exemplo: o terreno que uma empresa está utilizando como estacionamento para seus empregados é um **bem fixo**, mas o terreno que a indústria alugou por não o estar utilizando em suas atividades é um **bem de renda**. Outros exemplos são: obras de arte, ações de outras empresas.
Bens de consumo
São os bens duráveis gastos ou consumidos nas atividades normais da empresa. Após consumidos, representam despesas. Por exemplo: materiais de escritório, materiais de limpeza, combustíveis etc.

b) **Bens imateriais**
São os bens que não possuem existência física, mas representam uma aplicação, uma destinação de recursos essencial ao atendimento dos objetivos da empresa, como: ponto comercial, fundo de comércio (*goodwill*), direitos sobre marcas e patentes, direitos autorais, programas computacionais e produtos desenvolvidos na própria empresa.

2.2 Tipos de direitos

Em geral, direitos são valores a serem recebidos de terceiros por vendas a prazo ou valores de propriedade da empresa que se encontram em posse de terceiros, como: empréstimos a empregados, empréstimos a diretores, duplicatas a receber, títulos a receber, aplicações financeiras, investimentos no banco, dinheiro no banco (conta corrente).

2.2.1 Créditos de funcionamento

São valores a receber, oriundos da atividade operacional da empresa, podendo ser uma duplicata ou conta a receber; um imposto a ser recuperado; um adiantamento feito pela empresa a seu empregado, para que este pudesse viajar e depois apresentar o que gastou por conta da empresa. Pode ser também uma antecipação de salário a ser compensada quando ocorrer a data efetiva do pagamento — via de regra, são direitos de curto prazo. Por essa razão, os créditos de funcionamento são classificados nos **ativos circulantes** das empresas.

2.2.2 Créditos de financiamento

São valores a receber de curto ou de longo prazo, mas que não estão relacionados ao atendimento do objeto social da entidade. São oriundos de empréstimos e financiamentos a terceiros. Exemplos: empréstimos a empresas coligadas ou controladas, empréstimos compulsórios. Representam, via de regra, o realizável a longo prazo estabelecido pela Lei n. 6.404/76, também conhecida como Lei das S.A.

2.3 Obrigações

São dívidas assumidas pelas entidades e que deverão ser pagas no futuro. As obrigações, em contabilidade, representam valores líquidos e certos a serem desembolsados, como: duplicatas a pagar (fornecedores), impostos a recolher (a pagar), debêntures a pagar, contas a pagar, empréstimos a pagar, contribuições sociais a recolher (a pagar), salários a pagar, férias a pagar, décimo terceiro salário a pagar, gratificações a pagar etc.

2.3.1 Débitos de funcionamento

São recursos de terceiros originados para o funcionamento normal da empresa, nos quais não há cobrança explícita de juros. Tais recursos podem ser: fornecedores, salários a pagar, impostos a recolher etc. Em geral, representam as obrigações de curto prazo, como o passivo circulante estabelecido pela Lei n. 6.404/76.

2.3.2 Débitos de financiamento

Normalmente, são exigibilidades onerosas (juros) de curto ou de longo prazo, ou seja, recursos originados não para o funcionamento normal da empresa, mas para sua ampliação e desenvolvimento. Quaisquer valores tomados emprestados são considerados débitos de financiamento. Exemplos: financiamentos de longo prazo, empréstimos a pagar, emissão de debêntures etc.

2.4 Patrimônio líquido

Representa, quando positivo, a **riqueza própria** da entidade, livre de quaisquer obrigações. Quando o valor do PL (patrimônio líquido) for negativo, significa que a empresa tem mais dívidas do que bens e direitos ou inexistência de riqueza própria. O patrimônio líquido é, na verdade, o capital que os sócios aplicam ou aplicaram no negócio, acrescentado dos lucros ou diminuído dos prejuízos que se acumulam ao longo da vida útil da empresa ou da entidade. Trata-se do patrimônio (bens e direitos) líquido das obrigações.

2.4.1 Formação do patrimônio líquido

1) Quando **A > PE => PL > 0**
   Evidentemente, isso porque, quando o ativo for maior que o passivo exigível (PE), o patrimônio líquido sempre será maior que zero. Exemplo:

$$\underset{R\$\ 20{,}00}{A} = \underset{R\$\ 5{,}00}{PE} + \underset{R\$\ 15{,}00}{PL}$$

   Observe: dos R$ 20,00, R$ 5,00 estão comprometidos com dívidas; logo, o capital próprio da entidade é de R$ 15,00. Quando o PL for positivo, podemos concluir que a entidade possui riqueza própria. Daí o PL ser conhecido como capital próprio, isso porque faz parte do patrimônio bruto (somatório de bens e direitos), livre de obrigações ou dívidas.

2) Quando **A > PE e PE = 0 => PL > 0**
   Se não há obrigações, o PL sempre será maior que zero.

$$\underset{R\$\ 20{,}00}{A} = \underset{-0-}{PE} + \underset{R\$\ 20{,}00}{PL}$$

   Todo capital é próprio — não há capitais de terceiros. O ativo está livre de qualquer comprometimento com capitais de terceiros.

3) Quando **A = PE => PL = 0**
   Se o somatório dos bens e direitos for igual ao total das obrigações, então teremos que o patrimônio líquido será igual a zero.

$$\underset{R\$\ 20{,}00}{A} = \underset{R\$\ 20{,}00}{PE} + \underset{R\$\ 15{,}00}{PL}$$

Todos os bens e direitos estão 100% comprometidos com os capitais de terceiros (dívidas, obrigações).

4) Quando **A < PE => PL < 0**
Se o valor das obrigações for superior ao total do ativo, então teremos que o capital dos proprietários será negativo.

$$\underset{R\$\ 5,00}{A} = \underset{R\$\ 20,00}{PE} + \underset{(R\$\ 15,00)}{PL}$$

Essa situação é tecnicamente chamada de **passivo a descoberto**. Poderíamos 'ler' a equação da seguinte forma: obrigações não cobertas por bens e direitos suficientes para o pagamento dos credores. No exemplo, se nossa empresa ou entidade recebesse 'x' Reais por todos os bens e direitos que possui (realização de ativos, no caso R$ 5,00), ainda assim ficaria devendo R$ 15,00, quer dizer, o passivo *não* estaria *coberto* por bens e direitos suficientes, por isso diz-se que a entidade possui um patrimônio líquido negativo ou passivo a descoberto.

2.5 Formação do resultado

A constituição ou formação de uma empresa é, sem dúvida, uma forma de investimento, e, como qualquer investimento, o investidor espera um retorno compensador do capital investido ou aplicado. Vimos que a contabilidade é um grande sistema de informação, mensuração e controle; assim, quando da criação ou da constituição de uma empresa, a contabilidade começará a desempenhar seu papel de mensurar, informar e controlar o patrimônio da empresa criada. O retorno do capital investido será tanto mais rápido quanto maior for o número de *bons resultados* obtidos. A grande questão aqui é: o que seriam esses 'bons resultados'? Melhor: o que seria **resultado** em contabilidade? Vamos chegar a essa resposta caminhando desde a criação de uma empresa ou, em outras palavras, desde o investimento inicial dos sócios. Imaginemos as seguintes transações dispostas em ordem cronológica:

2.3.20X3: Três sócios resolvem constituir um negócio de venda de autopeças. Cada um investe a quantia de R$ 30 mil. Nessa data, a empresa aluga um imóvel e contrata empregados.

ATIVO	=	PASSIVO EXIGÍVEL	+	PATRIMÔNIO LÍQUIDO	
Caixa	90.000,00	-0-		Capital social	90.000,00
Total	90.000,00			Total	90.000,00

Dinheiro (R$ 90 mil) é um bem e pertence agora à empresa, não mais aos sócios, daí estar registrado no lado dos bens e direitos (ativo). O capital inicial é registrado com o nome de **capital social** e representa o capital próprio da empresa (PL), isto é, é sempre uma origem interna de recursos. Lembra-se? **B + D − O = SL** ou **A − PE = PL**. Já vimos que a equação **A = PE + PL** é chamada de **equação do balanço** porque consiste em balancear o total do ativo com o total da soma do passivo exigível mais o patrimônio líquido, ou seja, é uma forma de expor, de demonstrar a situação patrimonial da empresa, por isso a principal demonstração em contabilidade chama-se **balanço patrimonial**.

8.3.20X3: Abertura de conta corrente no Banco Alfa S.A. no valor de R$ 85 mil.

ATIVO	=	PASSIVO EXIGÍVEL	+	PATRIMÔNIO LÍQUIDO	
Caixa	5.000,00	-0-		Capital social	90.000,00
Bancos	85.000,00				
Total	90.000,00			Total	90.000,00

Houve apenas uma permuta no ativo: trocou-se o bem *dinheiro em caixa* pelo direito *dinheiro no banco*. O total do ativo não se alterou. O total das obrigações também não, tampouco o total do capital próprio ou patrimônio líquido.

18.3.20X3: Aquisição a prazo (quem forneceu as mercadorias deu crédito à nossa empresa) de peças para automóveis no valor de R$ 20 mil.

Obs.: lembre-se de que nossa empresa vende peças para automóveis.

ATIVO	=	PASSIVO EXIGÍVEL	+	PATRIMÔNIO LÍQUIDO	
Caixa	5.000,00	Fornecedores	20.000,00	Capital social	90.000,00
Bancos	85.000,00				
Mercadorias	20.000,00				
Total	110.000,00	Total	20.000,00	Total	90.000,00

Ocorreu um aumento no ativo — estoque de mercadorias — e um concomitante aumento nas obrigações (dívidas com os fornecedores das mercadorias). Repare que o PL não se alterou.

Nunca se esqueça de que, em cada transação ocorrida, a contabilidade buscará sempre o equilíbrio da equação.

25.3.20X3: Aquisição à vista, com emissão de cheque no valor de R$ 10 mil, de equipamentos para uso da empresa.

ATIVO	=	PASSIVO EXIGÍVEL	+	PATRIMÔNIO LÍQUIDO	
Caixa	5.000,00	Fornecedores	20.000,00	Capital social	90.000,00
Bancos	75.000,00				
Mercadorias	20.000,00				
Equipamentos	10.000,00				
Total	110.000,00	Total	20.000,00	Total	90.000,00

Outra permuta no ativo (dinheiro no banco × equipamentos) sem alteração no PE e no PL. Ativo sem variação (SV), isso porque houve aumento em equipamentos e diminuição no mesmo valor em bancos, logo, o total do ativo não variou.

28.3.20X3: Obtenção de um empréstimo no Banco Alfa no valor de R$ 10 mil.

ATIVO	=	PASSIVO EXIGÍVEL	+	PATRIMÔNIO LÍQUIDO	
Caixa	5.000,00	Fornecedores	20.000,00	Capital social	90.000,00
Bancos	85.000,00	Empréstimos a pagar	10.000,00		
Mercadorias	20.000,00				
Equipamentos	10.000,00				
Total	120.000,00	Total	30.000,00	Total	90.000,00

Aumento (+) no ativo bancos (R$ 10 mil) e aumento (+) no passivo exigível empréstimos (R$ 10 mil). O PL não se altera (SV). Em termos de sinais, tudo igual à transação de 18.3.20X3 (reveja-a agora).

30.3.20X3: Pagamento dos salários dos empregados da empresa referente ao mês de março, com emissão de cheques no valor de R$ 5 mil.

ATIVO	=	PASSIVO EXIGÍVEL	+	PATRIMÔNIO LÍQUIDO	
Caixa	5.000,00	Fornecedores	20.000,00	Capital social	90.000,00
Bancos	80.000,00	Empréstimos	10.000,00	(–) Despesas com salários	(5.000,00)
Mercadorias	20.000,00				
Equipamentos	10.000,00				
Total	115.000,00	Total	30.000,00	Total	85.000,00

Atenção! Vamos analisar essa situação com muita calma. Repare bem: o ativo foi diminuído pela emissão de cheques no valor de R$ 5 mil. Tal valor representa o pagamento dos salários dos empregados; portanto, a empresa não está assumindo nenhuma obrigação, muito pelo contrário, está cumprindo o contrato de trabalho com os seus empregados. Observe, ainda, que o trabalho do mês de março está sendo pago no próprio mês de março. Chamamos a atenção para esse fato porque os salários poderiam ser pagos no início de abril, e aí teríamos um outro fato contábil. Em breve saberemos como agir nesses casos. Ora, se não há obrigação assumida, o PE não se altera, e como não há um outro valor a ser acrescentado ao ativo (o pagamento de salários não representa um aumento de bens ou de direitos), para a equação se manter equilibrada, resta-nos somente o PL. Acabamos de aprender o conceito mais primário de **despesa** em contabilidade, ou seja, um valor desembolsado que diminui o ativo e, concomitantemente, diminui o patrimônio líquido. Vamos comparar: na transação de 25.3.20X3, na qual nossa empresa adquiriu um equipamento, ocorreu algum desembolso? A resposta imediata é um sonoro **sim**. Novamente perguntamos: Qual a grande diferença entre o desembolso de 25.3 e o desembolso de 30.3? No desembolso de 25.3, o total do ativo não foi alterado, houve apenas uma permuta de valores. No PL, nada aconteceu; portanto, podemos afirmar que o desembolso 'permaneceu' na empresa, e quando isso acontece, o desembolso não tem o nome de **despesa**, mas de **investimento**.

31.3.20X3: Venda do total das mercadorias da empresa, à vista, pelo valor de R$ 30 mil. O valor foi depositado no banco.

ATIVO		=	PASSIVO EXIGÍVEL		+	PATRIMÔNIO LÍQUIDO	
Caixa	5.000,00		Fornecedores	20.000,00		Capital social	90.000,00
Bancos	110.000,00		Empréstimos	10.000,00		(–) Despesas com salários	(5.000,00)
Mercadorias	-0-					+ Receita com vendas	30.000,00
Equipamentos	10.000,00					(–) CMV	(20.000,00)
Total	125.000,00		Total	30.000,00		Total	95.000,00

Vamos continuar aplicando um pouquinho de lógica matemática e o que já conhecemos de contabilidade. Note bem o que aconteceu: no ativo 'entrou' (aumentou) bancos em R$ 30 mil e 'saiu' (diminuiu) mercadorias em R$ 20 mil; logo, a equação se desequilibrou. Vamos nos perguntar: Houve algum aumento ou diminuição de obrigações? Não, nada houve para indicar um acréscimo ou uma diminuição nas obrigações. Assim, mais uma vez, sobra-nos o PL, ou seja, será no capital próprio que deveremos achar uma forma de manter a equação equilibrada. Vimos uma forma de indicar o conceito de despesa: a transação de 30.3.20X3 nos aponta esse caminho (leia novamente a transação e os comentários). Vamos então tentar indicar o conceito de receita: na transação de 28.3.20X3 ocorreu uma entrada de recursos na empresa, ou seja, houve um acréscimo no ativo. Todavia, houve também um acréscimo no passivo exigível, por isso o PL não se alterou. Quando houver aumentos no ativo que concomitantemente provoquem aumentos no PL, teremos aí o que se chama em contabilidade de **receita**. Resta-nos, neste momento, explicar o significado da sigla CMV: **custo da mercadoria vendida**. Da forma como está demonstrado na equação final da transação de 31.3.20X3, representa tecnicamente o mesmo que despesa, isto é, uma diminuição do ativo e, ao mesmo tempo, uma diminuição no patrimônio líquido. Diria então o estudante: "Ah! Despesa e custo são a mesma coisa, pois se apresentam da mesma forma na equação fundamental da contabilidade". Matematicamente essa resposta procede, porém, do ponto de vista conceitual, **custos** e **despesas** apresentam algumas diferenças.

Antes de continuarmos discorrendo sobre os efeitos das receitas, dos custos e das despesas no patrimônio líquido das empresas, vamos conceituar cada um deles de uma forma mais direta. Não esqueçam! Associem os conceitos aqui apresentados à visão lógico-matemática discutida ao final de cada transação e conseqüente equação balanceadora.

2.5.1 Conceito de receita

São todos os valores recebidos, bem como aqueles que a empresa ainda tem direito a receber, frutos de suas atividades operacionais ou não operacionais. Qualquer entrada de valores na empresa só será considerada receita se provocar um aumento no ativo ou uma redução no passivo exigível e, ao mesmo tempo, se aumentar o patrimônio líquido. Em resumo, deve-se estar atento para o seguinte fato: houve venda, haverá receita sendo reconhecida. Efeitos na equação fundamental da contabilidade são demonstrados a seguir:

A	=	PE	+	PL		A	=	PE	+	PL
+		SV		+	ou	SV		(–)		+
Ativo aumenta						Ativo sem variação				
Passivo exigível sem variação						Passivo exigível diminui				
Patrimônio líquido aumenta						Patrimônio líquido aumenta				

Não esqueça: a obtenção de uma **receita** resultará sempre no **aumento do PL**.

Exemplos de receitas: receita de vendas, receita de serviços prestados, receita de aluguéis, receitas financeiras ou de juros, receitas de dividendos, receitas não operacionais etc.

2.5.2 Conceito de despesa

Representa a utilização ou o consumo de bens e serviços no processo de produção de receitas. Ah, vamos ver se entendemos: para ter receita, uma empresa tem de sacrificar o ativo? Com certeza temos um **sim** bastante sonoro como resposta. Despesa é, então, qualquer desembolso já efetuado, ou ainda a ser efeuado, que reduz o ativo ou aumenta o passivo exigível e, em qualquer caso, reduz o patrimônio líquido. Os efeitos na equação fundamental da contabilidade são demonstrados a seguir:

A	=	PE	+	PL		A	=	PE	+	PL
(–)		SV		(–)	ou			SV	+	(–)
Ativo diminui						Ativo sem variação				
Passivo exigível sem variação						Passivo exigível aumenta				
Patrimônio líquido diminui						Patrimônio líquido diminui				

Não esqueça: uma **despesa** resultará sempre numa **diminuição do PL**.

Exemplos de despesas: despesas com salários, despesas com aluguéis, despesas com materiais, despesas financeiras (de juros), despesas com propaganda, despesas com energia etc.

2.5.3 Conceito de desembolso

É uma diminuição (sacrifício) do ativo para a aquisição de um bem ou serviço com pagamento no ato ou no futuro — neste caso, cria-se uma obrigação (PE). *Não confundir nunca desembolso com despesa*.

2.5.4 Conceito de investimento

Representa valores desembolsados ou que ainda serão desembolsados (compromisso de pagar) para aquisição de novos bens, os quais, em função de utilidade e por provocarem benefícios no presente e em períodos futuros, permanecerão ativados. Exemplos: para a aquisição de imóvel, se pago à vista, temos um desembolso (diminuição de caixa ou bancos) e um aumento pela entrada do imóvel no ativo; logo, o desembolso foi *ativado*, portanto, temos um investimento em vez de uma despesa. Se adquirido a prazo, temos também um investimento e uma conseqüente obrigação.

2.5.5 Conceito de custo

Podemos conceituar **custo** como sendo o preço pago para obter determinado bem ou serviço. Mas por exemplo: a conta de luz de uma empresa é o preço que se paga para obter aquele tipo de serviço — e já vimos que esse tipo de conta pode ser considerada uma despesa. Então, quando um sacrifício de ativo — no caso, com energia elétrica — será considerado custo e não despesa? A resposta é bastante simples: quando o sacrifício ou desembolso (ocorrido ou a ocorrer) estiver relacionado aos **processos de industrialização, comercialização ou prestação de serviço**, esse desembolso ou sacrifício terá o nome de **custo**. Exemplificando: numa indústria, o preço pago ou a pagar pela matéria-prima, pelos salários dos empregados da fábrica, pela energia elétrica e aluguel da fábrica etc. representa custo porque está 'ligado' ao processo de produção ou industrialização. Mas observe: os salários do pessoal da administração (escritório), a energia elétrica consumida pelos prédios da administração, o material de escritório, enfim, todos esses desembolsos representam despesas porque não estão associados ao processo de produção ou industrialização. Num comércio, por exemplo, as mercadorias adquiridas para serem posteriormente revendidas também representam custos, porém, os custos em contabilidade só são reconhecidos quando ocorre a venda de produtos ou mercadorias. Reveja as transações referentes às datas de 18.3.20X3 e 31.3.20X3. Observe o 'momento' em que o custo foi reconhecido e mais: a empresa, quando comprou mercadorias, estas foram **ativadas**, ou seja, não foi reconhecido um custo, mas um investimento. É desnecessário lembrar que os efeitos na equação fundamental da contabilidade, tanto para os custos como para as despesas, são idênticos, ou seja, ambos diminuem o patrimônio líquido. Numa indústria, o custo é chamado de CPV (custo do produto vendido); num comércio, o custo tem o nome de custo da mercadoria vendida ou simplesmente CMV; numa empresa prestadora de serviço, o custo é chamado de CSP (custo do serviço prestado).

2.5.6 Conceito de resultado

Agora que já conhecemos receitas, custos e despesas, formar o resultado é estabelecer um mero *confronto* entre as receitas, menos os custos e as despesas. Se a receita for maior que os custos e as despesas, o resultado receberá o nome de **lucro**. Se a receita for menor que o somatório dos custos e das despesas, o resultado receberá o nome de **prejuízo**. Exemplos:

Contas	R$
Receita de vendas	1.000,00
(–) CMV	(600,00)
(–) Despesas	200,00
= Lucro	200,00
Ou	
Receita de vendas	1.000,00
(–) CMV	(800,00)
(–) Despesas	(300,00)
= Prejuízo	(100,00)

Lucro e prejuízo são conceitos bastante abrangentes. Em um conceito econômico, lucro representa o rendimento atribuído ao capital investido pelos sócios ou proprietários de quotas-parte de uma empresa. As pessoas que investem nas empresas também são chamadas de acionistas (assunto que abordaremos mais adiante) ou sócios. Em qualquer dos casos, aqueles que investem capital em um negócio desejam obter retorno, ter rendimentos. O lucro é uma espécie de retorno, de rendimento do capital investido. Exemplificando: determinada empresa é constituída em 2.1.20X3 com capital inicial de R$ 100 mil. Em 31.12.20X3, a mesma empresa apresenta o seguinte resultado:

DRE	R$
Receita com vendas	62.000,00
(–)Custos	–22.000,00
(–)Despesas	–20.000,00
= Resultado do exercício	20.000,00

Sabemos que, quando a **receita** for maior que o somatório dos **custos** e das **despesas**, o resultado terá o nome de **lucro**. Vamos comparar esse resultado com o capital investido no negócio, ou seja, vamos traçar uma correlação aritmética na qual o lucro será o numerador da fração, e o capital investido, o denominador. Assim teremos: R$ 20 mil/R$ 100 mil = 0,20 ou 20%. A que conclusão chegamos ao estabelecermos uma mera fração entre o lucro e o capital investido? Já vimos que lucro é sinônimo de *retorno, rendimento*; assim, podemos concluir que, no primeiro ano de vida da nossa empresa, o lucro ou retorno foi de 20% (a permanecer essa mesma taxa, em cinco anos todo o capital investido terá retornado para o investidor). Outra forma de ver a mesma questão: para cada R$ 1,00 investido na empresa, o rendimento foi, no primeiro ano, de R$ 0,20 sob a forma de lucro. Porém, o prejuízo é uma espécie de *rendimento negativo*, isto é, a empresa não teve ou não gerou receitas suficientes para cobrir seus custos e despesas. Pode-se afirmar que prejuízo é uma perda para o investidor. Na verdade, o prejuízo é um investimento que diminui o capital do investidor. No sentido estritamente contábil, o prejuízo diminui o capital próprio da empresa (lembrando que capital próprio é o mesmo que patrimônio líquido). Já o lucro aumenta o capital próprio da empresa. Não se deve esquecer e jamais confundir **capital próprio** com **capital social** — este representa o valor que os sócios investiram no negócio, e tais investimentos podem ocorrer quando da criação (capital inicial) ou durante a vida útil da empresa (aumentos de capital), enquanto o capital próprio representa todas as formas de capital pertencentes aos proprietários, ou seja, além do capital social, os lucros ou os prejuízos que a empresa acumulou ao longo da sua vida, bem como os valores reservados, isto é, não distribuídos aos sócios. Relembrando: capital próprio é o mesmo que patrimônio líquido, e já sabemos que patrimônio líquido é a diferença entre os bens e direitos (ativo) e as obrigações (passivo exigível). Assim, o PL é o somatório dos seguintes itens ou, como veremos mais adiante, das seguintes contas:

Capital social
+Lucros acumulados ou (–)Prejuízos acumulados
+Reservas de lucros
= Patrimônio líquido

Repare bem: o objetivo do investidor é obter **retorno, rendimento, lucro**. Numa empresa, os lucros são distribuídos aos investidores, entretanto, essa distribuição não contempla 100% do lucro, pois apenas uma parte é distribuída entre eles. A grande parte restante permanece na empresa a título de **reinvestimento**. O lucro, portanto, é uma origem de recursos, daí o título 'lucros acumulados' e 'reservas de lucros', o que significa dizer que os valores inscritos nesses títulos *não foram distribuídos* aos sócios, portanto, permaneceram na empresa.

2.6 Estruturação dos componentes patrimoniais

Já vimos que a contabilidade atende a diversos usuários de sua informação, por isso precisa relatar, expor, demonstrar, enfim, tornar visível a situação econômico-financeira das entidades. Uma das maneiras de fazer isso é ordenar qualitativa e quantitativamente os componentes patrimoniais. Vamos recapitular: de um lado, as origens de recursos, o lado direito, o lado dos capitais de terceiros e capitais próprios. Do outro, o lado esquerdo, o lado dos bens e direitos. Agora reveja as equações 1.1 a 1.4 (Capítulo 1) e compare-a com as tabelas 2.1 e 2.2 a seguir. Observe que você está diante de idênticas formas ordenadas de demonstrar a situação econômica, financeira e patrimonial das entidades. A diferença é que a primeira é apenas mais sintética, não fornece tantos dados, mas 'diz' a mesma coisa.

Tabela 2.1

DESTINAÇÃO DOS RECURSOS	ORIGEM DOS RECURSOS
Ativo	**Passivo + PL**
Bens numerários — *circulante*	Capitais de terceiros — *passivo exigível*
Créditos de funcionamento — *circulante e RLP*	Débitos de funcionamento — *PC e ELP*
Bens de venda — *circulante*	Débitos de financiamento — *ELP e PC*
Créditos de financiamento — *RLP e AC*	Capitais próprios — *patrimônio líquido*
Bens de renda — *permanente investimentos*	Capital social
Bens fixos — *permanente imobilizado*	Reservas
Valores imateriais — *permanente diferido*	Lucros acumulados
Total do ativo	Total do passivo exigível + PL

Tabela 2.2

BALANÇO TRADICIONAL Lei n. 6.404/76	
Ativo	**Passivo exigível + PL**
Circulante	Circulante
Realizável a longo prazo	Exigível a longo prazo

Permanente
  Investimentos
  Imobilizado
  Diferido
	Resultado de exercícios futuros
	
	Patrimônio líquido

Total do ativo............................	Total do PE + PL............................

Não se assuste, pois este é apenas seu primeiro contato com uma padronização estabelecida em lei (Lei n. 6.404/76). Isso mesmo! O balanço patrimonial visto na Tabela 2.2 é uma determinação legal. Outras leis serão abordadas mais adiante com o aprofundamento necessário. O objetivo de mostrarmos neste momento uma estrutura de balanço patrimonial de acordo com a lei é apenas levá-lo a fazer comparações e constatar que, apesar de os conceitos 'mudarem de nome', eles guardam a lógica aprendida desde o início deste estudo.

3 Registro, controle e mensuração dos fatos contábeis

CAPÍTULO

No Capítulo 2, apresentamos diversas situações em que uma empresa é criada. Depois de várias transações ocorridas no mês de março, podemos observar que algumas delas provocam alterações, para mais ou para menos, no patrimônio líquido (PL) da empresa. Repare que, ao longo desse mês, também existem transações que apenas *trocam* valores no próprio ativo ou entre o ativo e o passivo exigível. Repare mais: há ainda outras transações que, além de modificarem para mais ou para menos o valor do PL, também *trocam* valores no próprio ativo e entre o ativo e o passivo exigível. A tais transações dá-se o nome de **fatos** ou **eventos contábeis**. Assim, um fato contábil é qualquer transação ou evento que provocará alterações nos bens, nos direitos e nas obrigações das empresas e, a depender das transações ou dos eventos ocorridos, poderá provocar aumentos ou diminuições no patrimônio líquido (capital próprio) das empresas. Daí existir a seguinte divisão:

3.1 Fatos permutativos

São fatos que apenas trocam a qualidade do conjunto de bens, direitos e obrigações da empresa, sem modificar seu respectivo patrimônio líquido. Exemplos:
- Abertura de conta corrente com recursos do caixa da empresa (vide transação de 8.3.20X3, Capítulo 2).
- Aquisição de um bem à vista ou a prazo (18.3.20X3, Capítulo 2) (+A e –A ou +A e +PE).
- Obtenção de um empréstimo bancário (28.3.20X3, Capítulo 2) (+A e +PE).
- Recebimento em dinheiro de uma duplicata a receber (+A e –A).
- Aumento de capital com incorporação de lucro (+PL e –PL).
- Pagamento de uma dívida (–A e –PE).

Veja no primeiro exemplo o fato contábil ocorrido. É fácil perceber que houve uma permuta entre valores do ativo, pois o caixa foi diminuído, mas o direito de sacar no banco (conta bancos) foi aumentado no mesmo valor. Repare que o valor do ativo não se alterou, mas a qualidade dele sim. Mais ainda: essa permuta de valores no ativo não alterou o patrimônio líquido da empresa. Lembre-se: a permuta — a troca de valores — pode ocorrer não só no ativo, mas entre o ativo e o passivo exigível (terceiro exemplo).

3.2 Fatos modificativos

São os fatos que modificam o patrimônio líquido das empresas — e já vimos que o patrimônio líquido, por representar o capital próprio da entidade, se altera quando os sócios colocam mais dinheiro na empresa ou quando existirem receitas, despesas ou custos. Em resumo, são os fatos que aumentam ou diminuem o patrimônio líquido das empresas, por isso podem ser aumentativos ou diminutivos.

3.2.1 Modificativos aumentativos

Tais modificativos são aqueles que aumentam o patrimônio líquido:
- Receitas de aluguel (+A e +PL).
- Receitas financeiras (+A e +PL).
- Aumento de capital em dinheiro ou bens (+A e +PL).

3.2.2 Modificativos diminutivos

Tais modificativos diminuem o patrimônio líquido das empresas:
- Despesas de salários (–A e –PL).
- Despesas com propaganda (–A e –PL).
- Distribuição de lucros aos sócios ou acionistas da empresa (–A e –PL).

3.3 Fatos mistos

São fatos nos quais há uma permuta entre os componentes patrimoniais e ao mesmo tempo uma alteração no PL, ou seja, permutam-se valores no próprio ativo e entre o ativo e o passivo exigível. Além disso, aumentam ou diminuem *concomitantemente* o patrimônio líquido.

3.3.1 Mistos aumentativos

Tais fatos mistos permutam valores entre o A e o PE ou entre o A e o próprio A e, ao mesmo tempo, aumentam o patrimônio líquido. Na verdade, os fatos mistos aumentativos são o resultado da combinação de fatos permutativos com fatos modificativos aumentativos. Exemplo:

- Pagamento de uma duplicata com desconto (–A e –PE pela redução do caixa ou bancos e redução dos fornecedores, e +PL pelo registro da receita financeira);
- Recebimento de uma duplicata com juros (+A e –A pela entrada no caixa ou bancos e pela redução do direito, e +PL pelo registro da receita financeira);
- Venda de mercadorias com lucro (+A caixa, –A estoques, +PL receita de vendas e –PL CMV).

3.3.2 Mistos diminutivos

São aqueles que combinam fatos permutativos com fatos modificativos diminutivos. Exemplos:
- Venda de mercadorias com prejuízo (+ativo caixa, –ativo estoques, + PL receita de vendas e –PL custo da mercadoria vendida);
- Pagamento de uma duplicata com juros (–A, –PE e –PL);
- Recebimento de uma duplicata com desconto (+A, –A e –PL).

3.4 Registro dos fatos contábeis

A ciência contábil é utilizada como um grande sistema de informação, mensuração e controle do patrimônio das entidades. Obviamente, para que as informações sejam precisas e possam ser corretamente mensuradas, é preciso haver também um eficiente sistema de controle, ou seja, um sistema que permita os *registros* dos fatos contábeis e que, a qualquer momento, possa transformar tais registros em demonstrações ou em relatórios capazes de expor, isto é, de evidenciar a situação econômica, financeira, patrimonial e de resultados das empresas, visando sempre atender aos diversos usuários da contabilidade.

3.4.1 Conta

Representa a forma de identificar um componente patrimonial ou de resultados. Na verdade, a *conta* é o nome do componente patrimonial, e, pelo nome, podemos identificar o tipo de patrimônio de que estamos tratando. Em resumo, é uma representação gráfica que ajuda a evidenciar o fato contábil e que deve ser expressa em termos monetários. Exemplos:
- **Conta 'máquinas':** caracteriza o bem 'máquinas'; portanto, estamos diante de um ativo.
- **Conta 'fornecedores':** representa uma obrigação com os fornecedores de mercadorias da empresa; logo, estamos diante de um passivo.

- **Conta 'lucros acumulados':** refere-se aos resultados acumulados pela empresa, mas que não foram distribuídos aos sócios ou aos proprietários. Representa uma fonte interna de recursos ou, em outras palavras, capital próprio da empresa.

3.4.1.1 Classificação das contas

Em contabilidade, as contas se classificam em função do que representam. Se representarem bens, obrigações ou capital dos proprietários, são chamadas de **patrimoniais**. Se representarem contas que formam o resultado, são chamadas de **resultado**. Essa forma de classificação foi reconhecida pela 'teoria patrimonialista' da contabilidade, que entende que o patrimônio é o objeto da contabilidade a ser estudado. Exemplos:

a) **Patrimoniais**

São todas as contas do ativo, do passivo exigível e do patrimônio líquido. Como contas patrimoniais ativas podemos citar: caixa, estoques, duplicatas a receber, móveis e utensílios, imóveis, terrenos, veículos, equipamentos, máquinas, ações de outras empresas, aplicações financeiras etc.

Como contas patrimoniais passivas podemos citar: fornecedores, empréstimos bancários, impostos a recolher, salários a pagar, provisão para imposto de renda (PIR) etc.

Como contas patrimoniais do patrimônio líquido citamos: capital social (o inicial e eventuais acréscimos), lucros acumulados, reservas de lucros e outros tipos de reservas.

b) **De resultado**

São todas as contas representativas de despesas, custos e receitas. Exemplos:
- **Receitas:** receita com vendas, receita de aluguéis, receitas financeiras, receita com prestação de serviços, receita de dividendos, receita não operacional etc.
- **Despesas:** despesa com salários, despesa com vendas, despesa com manutenção, despesa com transportes, despesa com comunicações etc.
- **Custos:** custo da mercadoria vendida (CMV), custo do produto vendido (CPV), custo do serviço prestado (CSP).

3.4.2 Lançamentos

Para fazer o registro de um fato contábil envolvendo as contas patrimoniais ou de resultados, a contabilidade se vale de uma espécie de vetor identificador chamado *lançamento*. O lançamento é o ato de registrar, de escriturar em fichas ou livros as contas que sofrerão alterações. Como dissemos anteriormente, trata-se de um registro do fato contábil que se baseia em documentação idônea, interna ou externa à empresa, e que expõe, em livros próprios, um breve relato da transação, chamado de *histórico*. Enfim, um lançamento registra a data, o valor e as contas envolvidas no fato contábil ocorrido.

3.5 Método das partidas dobradas

Vimos que a contabilidade é uma ciência, porque possui os três requisitos básicos para isso: um propósito, que é o patrimônio das empresas; um campo de atuação, que são as empresas; e um método, que é o método das partidas dobradas. Mas no que consiste a partida dobrada? Repare que desde o início deste trabalho procurou-se mostrar que toda a contabilidade é calcada numa equação de primeiro grau chamada de **equação fundamental da contabilidade**:

$$\text{Ativo} = \text{Passivo exigível} + \text{Patrimônio líquido}$$

Equação 3.1

Observe que do lado direito da equação são demonstradas as formas de originar recursos de que as empresas dispõem. E quais são essas formas? De fontes internas, também chamadas de *capital próprio* ou *patrimônio líquido*, e de fontes externas, também chamadas de *capitais de terceiros* ou *passivo exigível*. Do lado esquerdo são demonstradas as formas de aplicar os recursos originados, ou seja, os recursos são aplicados em bens e direitos que aprendemos a chamar de *ativos*. Evidentemente, o total das origens tem de ser igual ao total das aplicações. Assim, é fácil concluir que, se a empresa *originou*, por exemplo, mil unidades monetárias, deverá *aplicar* essas mesmas mil unidades em bens ou direitos. Perceba a partida dobrada: sempre que houver uma origem, uma fonte de recursos, haverá uma correspondente aplicação. Perceba mais: o lado direito da equação é o lado que *financia*, que *empresta* recursos para o lado esquerdo. Logo, o lado esquerdo *deve* (**débito**) para o lado direito. Ora, se o lado direito da equação é o lado que *financia*, que *empresta* os recursos para serem aplicados, conseqüentemente esse lado direito é o lado *credor* (**crédito**) da equação. Daí repetirmos: "O somatório dos débitos tem sempre de corresponder ao somatório dos créditos". Assim, não há um credor sem um devedor. É esse o mecanismo — na verdade, eu diria o axioma — que rege toda a ciência contábil. Desse modo, fica fácil perceber o motivo da natureza devedora das contas do ativo e da natureza credora das contas do passivo exigível e do patrimônio líquido: estas 'emprestam', por isso são credoras, enquanto aquelas 'recebem o empréstimo', por isso são devedoras.

Muito se fala, principalmente os leigos, que contabilidade é uma grande convenção a ser decorada. Mentira! A equação fundamental da contabilidade mostra quais contas *devem* e quais são *credoras*. Nesse sentido, nada há a ser decorado, mas a ser entendido. O método das partidas dobradas se vale de dois operadores: **débito** e **crédito**. O crédito responde à seguinte pergunta: De onde vieram os recursos? (Quem emprestou?) O débito responde à questão: Para onde vão os recursos? (Quem obteve o empréstimo?) Complicou? Vamos descomplicar!

Viu-se que para registrar um fato contábil é necessário sabermos o que é **conta**, o que é **lançamento** e o que é **partida dobrada**. Se o lado esquerdo são as contas que *devem* ao lado direito da equação, logo, o lado esquerdo é o lado que aumenta por meio de **débitos**. No lado direito estão as contas que financiam as contas do ativo, logo, no lado direito estão as contas que aumentam por meio de **créditos**. Graficamente temos:

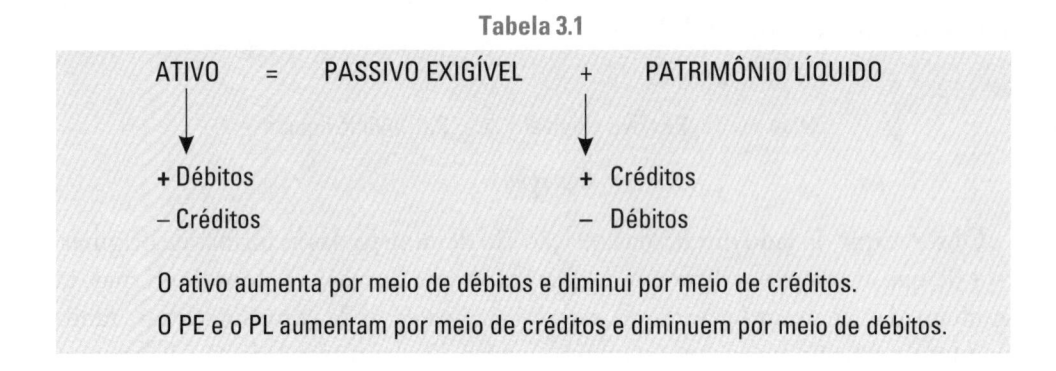

Tabela 3.1

ATIVO	=	PASSIVO EXIGÍVEL	+	PATRIMÔNIO LÍQUIDO
+ Débitos		+ Créditos		
− Créditos		− Débitos		

O ativo aumenta por meio de débitos e diminui por meio de créditos.
O PE e o PL aumentam por meio de créditos e diminuem por meio de débitos.

Repare na lógica do método. Não tente decorar a convenção. Vamos lá:

a) Criação de uma empresa com capital de R$ 10 mil:
Pergunte: Há ativo aumentando? Sim? Qual? Ah, dinheiro é ativo e ativo aumenta por meio de débitos! Muito bem! Você encontrou a conta devedora. Pergunte agora: De onde vieram os recursos? Quem financiou aquele ativo? Para que perguntar isso? Pura lógica! A resposta vai nos mostrar a conta credora, ou melhor, vai nos dizer quem é o credor que originou o recurso. Melhor ainda: essa reposta vai nos mostrar a conta que receberá o crédito. Nessa transação, quem originou os recursos foi a conta capital social, e já vimos que o patrimônio líquido aumenta por meio de créditos. De maneira simplificada, o lançamento ficaria assim:

```
D  —  Caixa.........................................R$ 10.000,00
C  —  Capital social.............................R$ 10.000,00
```

Lembre-se de que o ativo aumenta por meio de débitos, porque são suas contas que devem aos respectivos credores. Em resumo, a conta caixa *deve* à conta capital social.

Vamos raciocinar a resposta para as perguntas: "De onde vieram os recursos?" (a respectiva conta estará sempre no crédito); "Para onde vão os recursos?" (a respectiva conta estará sempre no débito). Em outras palavras: a conta que originou os recursos é credora da conta que recebeu os recursos. Logo, a conta que recebeu os recursos é devedora, por isso estará sendo debitada.

b) Compra a prazo de mercadorias por R$ 12 mil:
Há ativo aumentando? Sim? Ativo aumenta por meio de débitos.
Há obrigações aumentando? Sim? Obrigações aumentam por meio de créditos.
De onde vieram os recursos? Dos fornecedores de mercadorias da empresa, que são os credores.
Para onde vão os recursos? Para a conta *estoque de mercadorias*, que é devedora dos fornecedores.
Quem 'financiou o estoque'? Os capitais de terceiro dos fornecedores.
Onde foram aplicados: no ativo (bens e direitos) estoque de mercadorias.
Perceba o equilíbrio: aplicações = origens ou contas que *devem* = contas que *têm crédito*. Ou ainda: contas que aumentam por meio de débitos = contas que aumentam por meio de créditos.

O lançamento simplificado ficaria assim:

> D — Estoques..................................R$ 12.000,00
>
> C — Fornecedores............................R$ 12.000,00

Atenção: a única convenção aqui que precisa ser memorizada é a que diz que o débito (D) vem em primeiro lugar que o crédito (C).

c) Abertura de uma conta corrente no valor de R$ 9 mil.
Entenda a operação que deverá ser registrada pela contabilidade: recursos em 'dinheiro vivo' sairão da empresa e irão para o banco. Sendo assim, vamos às perguntas:
Há ativo aumentando? Contas ativas aumentam por meio de débitos.
Há ativo diminuindo? Contas ativas diminuem por meio de créditos.
De onde vieram os recursos? Da conta caixa, logo, a conta é credora.
Para onde vão os recursos? Para o banco, logo, a conta bancos é devedora da conta caixa.
Assim, o lançamento ficaria:

> D — Bancos....................................R$ 9.000,00
>
> C — Caixa......................................R$ 9.000,00

Repare que todos os lançamentos apresentados buscam o equilíbrio da equação fundamental da contabilidade, ou seja, após cada fato contábil, o total do ativo sempre será igual à soma do passivo exigível com o patrimônio líquido (ou aplicações sempre serão iguais às origens de recursos).

As expressões **ativo** e **passivo** usadas em contabilidade também são eminentemente lógicas, pois caracterizam os grupos de contas que agem (*ação*) e os grupos de contas que não agem (*inertes*).

Daí as contas representativas de bens e direitos, as contas que agem, o ativo, serem aquelas que se movimentam para transformar as fontes obtidas em resultado. Já as contas que representam obrigações e o capital dos proprietários são as contas inertes, as contas passivas que apenas originam os recursos para que estes sejam 'transformados' pela contas ativas.

Bem, sobre contas devedoras, representativas de bens e direitos, e sobre contas credoras, representativas de obrigações e capital dos proprietários, não ficou nenhuma dúvida. Mas e as contas de resultado? Qual é a lógica para debitá-las ou creditá-las? A mesma, eu diria. Vejamos por quê: volte ao Capítulo 2 e releia os conceitos de **despesas**, **receitas** e **custos**. Viu? Uma receita aumenta o capital dos proprietários (PL); logo, é um tipo de conta que aumenta por meio de créditos. Já despesas e custos diminuem o capital dos proprietários, por conseqüência, aumentam por meio de débitos. Assim, despesas e custos são contas eminentemente devedoras, enquanto receitas são contas eminentemente credoras.

3.6 Livros fiscais utilizados pela contabilidade

São vários os livros utilizados pela contabilidade para registrar os fatos contábeis, mas de maneira geral são todos chamados de **livros de escrituração**. Os livros em que são registradas as partidas dobradas, ou seja, 'a todo débito há um crédito de igual valor', podem ser obrigatórios ou facultativos, cronológicos ou sistemáticos, sintéticos ou analíticos. Os principais são o **livro diário** e o **livro razão**, mas há ainda outros livros utilizados pelas empresas; um exemplo é o livro de apuração do lucro real, conhecido como Lalur. Dependendo do tipo de empresa, há ainda os livros de apuração do ICMS (Imposto sobre a Circulação de Mercadorias e Serviços), o livro de apuração do IPI (Imposto sobre Produtos Industrializados), o livro-caixa, o livro conta corrente etc. Para os fins a que se propõe este trabalho, definiremos apenas os livros diário e razão.

3.6.1 Livro diário

Nesse livro são registradas todas as transações da empresa que possam ser expressas em termos monetários. Trata-se de um livro diacrônico ou cronológico, isso porque os registros são nele dispostos na ordem em que os fatos vão ocorrendo. O registro no livro diário pode ser manual, mecânico ou feito por sistemas computacionais. O livro diário é um livro obrigatório, fundamental, cronológico e analítico. As informações básicas que nele constam são:

- Data da transação;
- Nome das contas que estão sendo debitadas e creditadas;
- Valor;
- Histórico sucinto da transação ou fato contábil, inclusive com menção do número da documentação de apoio (nota fiscal, recibo, escritura, nota promissória, contrato, estatuto etc.).

Exemplo:

Tabela 3.2

DATA	HISTÓRICO	D	C
1.2.20X3	Bancos a capital social	100.000,00	100.000,00
	Recebidos dos srs. Fulano e Sicrano os valores de R$ 50 mil de cada um, referentes à integralização de cem mil cotas da empresa CARDANI LTDA., conforme contrato social registrado na Jucerja nº 000-009, de 1.2.20X3, e recibo do banco nº 777777.		

3.6.1.1 Fórmulas de lançamentos no livro diário

1ª fórmula: uma única conta sendo debitada e uma única conta sendo creditada.
Exemplo: recebimento de uma duplicata de cliente da empresa no valor de R$ 10 mil.

```
D  —  Bancos                    R$ 10.000,00
C  —  Duplicatas a receber      R$ 10.000,00
```

2ª fórmula: uma única conta sendo debitada e duas ou mais sendo creditadas.
Exemplo: recebimento da duplicata acima cobrando juros de 10% por atraso.

```
D  —  Bancos                    R$ 11.000,00
C  —  Duplicatas a receber      R$ 10.000,00
C  —  Receita financeira        R$  1.000,00
```

3ª fórmula: duas ou mais contas sendo debitadas e uma única conta sendo creditada.
Exemplo: pagamento a um fornecedor com atraso. Valor original: R$ 15 mil. Juros de 10%.

D	—	Fornecedores	R$ 15.000,00
D	—	Despesas financeiras	R$ 1.500,00
C	—	Bancos	R$ 16.500,00

4ª fórmula: duas ou mais contas sendo debitadas e duas ou mais contas sendo creditadas.
Exemplo: pagamento com atraso a um fornecedor utilizando recursos do caixa e dos bancos:

D	—	Fornecedores	R$ 15.000,00
D	—	Despesas financeiras	R$ 1.500,00
C	—	Caixa	R$ 5.500,00
C	—	Bancos	R$ 11.000,00

3.6.2 Livro razão

Por meio deste livro, controla-se a movimentação ocorrida individualmente em cada conta, isto é, cada folha desse livro é destinada a uma única conta. A escrituração pode ser feita por intermédio de um livro ou de fichas soltas, nos quais cada página ou ficha identifica uma única conta. O livro razão é um livro facultativo, fundamental, sistemático e sintético. Funciona como se fosse um extrato de nossa conta corrente no banco. O livro razão aponta o saldo diário de cada conta utilizada pela empresa.

Exemplo:

Tabela 3.3

CARDANI LTDA.					Fl. 1
Conta: bancos					
Data	Histórico	Débito	Crédito	Saldo	D/C
1.2.20X3	Depósito referente à integralização de cem mil cotas.	100.000,00		100.000,00	D

Nos livros de contabilidade existem os chamados **razonetes**, que nada mais são que formas didáticas de mostrar o registro no livro razão. O razonete é, portanto, uma forma miniaturizada do livro razão e apresenta o seguinte formato:

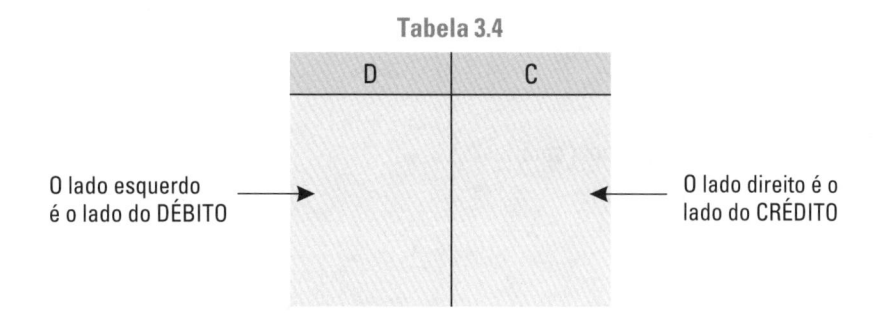

Tabela 3.4

D	C

O lado esquerdo é o lado do DÉBITO

O lado direito é o lado do CRÉDITO

3.7 Retificação de lançamentos

A escrituração contábil deve ser executada em ordem cronológica de dia, mês e ano, com base em documentação que comprove os fatos e a prática dos fatos contábeis ocorridos. Deve seguir ainda uma sistemática de contabilização uniforme, com ausência de espaços em branco, entrelinhas, borrões, rasuras, emendas ou anotações nas margens. Todavia, eventualmente podem ocorrer erros nos lançamentos contábeis. Os erros constatados na escrituração devem ser sanados mediante *retificação* dos lançamentos efetuados. Vejamos, a seguir, as formas de retificação dos lançamentos contábeis:

- o estorno;
- a complementação;
- a transferência.

3.7.1 Estorno

O estorno consiste no lançamento inverso àquele efetuado equivocadamente, anulando-o totalmente. Exemplo: vamos supor que no lançamento de despesas com salários, no valor de R$ 39.630,00, tenha havido uma inversão de algarismos que resultou num lançamento no valor de R$ 36.930,00, ou seja, R$ 2.700,00 a menos:

a) Lançamento indevido:

D	—	Despesas com salários	R$ 36.930,00
C	—	Caixa	R$ 36.930,00

b) Lançamento de retificação:

| D — Caixa | R$ 36.930,00 |
| C — Despesas com salários | R$ 36.930,00 |

c) Lançamento correto:

| D — Despesas com salários | R$ 39.630,00 |
| C — Caixa | R$ 39.630,00 |

3.7.2 Complementação

Lançamento de complementação é aquele que vem em data futura complementar, aumentando ou reduzindo o valor anteriormente registrado. Aproveitando o exemplo anterior, teríamos a complementar:

| D — Despesas com salários | R$ 2.700,00 |
| C — Caixa | R$ 2.700,00 |

Obs.: para um melhor controle interno por parte da empresa, o aconselhável sempre será o estorno em vez da complementação.

3.7.3 Transferência

A transferência regulariza a conta indevidamente debitada ou creditada mediante a transposição de determinado valor para a conta adequada.

Por exemplo: na aquisição de um veículo, a empresa efetuou o seguinte lançamento:

| D — Máquinas | R$ 15.000,00 |
| C — Bancos | R$ 15.000,00 |

Posteriormente, foi constatado o erro e efetuada a retificação do lançamento transferindo-se o valor para a conta adequada:

| D — Veículos | R$ 15.000,00 |
| C — Máquinas | R$ 15.000,00 |

4 Elaboração das demonstrações contábeis
CAPÍTULO

Até aqui, vimos que:
- O patrimônio de qualquer agente econômico precisa ser controlado e mensurado.
- O registro dos fatos contábeis permite o controle e a mensuração do patrimônio.
- O controle e a mensuração do patrimônio só poderão ser bem executados se houver relatórios que *demonstrem* a situação econômica, a situação financeira, a situação patrimonial, a situação de resultados, como a empresa está originando recursos e de que forma os está aplicando.
- Os relatórios produzidos pela contabilidade são demonstrados em canais próprios para que os agentes econômicos interessados estudem a situação do patrimônio da entidade.
- Para que os relatórios de qualquer tipo de entidade possam 'falar a mesma língua' busca-se um padrão, invocando-se normas, leis, princípios e regras estabelecidas pelos próprios agentes econômicos e pela classe contábil, que também são agentes econômicos, a fim de dar uniformidade, comparabilidade e consistência aos relatórios produzidos.
- Dentro do padrão estabelecido, os agentes econômicos tomam decisões com base no que foi relatado, exposto e demonstrado.

Assim, para levantar as demonstrações contábeis (os relatórios) e permitir que os usuários da informação produzida tomem decisões, precisamos respeitar algumas regras, entender certos conceitos e seguir alguns processos. Vamos lá!

4.1 Exercício social

É um nome técnico para o período de tempo, normalmente um ano, no qual as empresas levantam suas demonstrações contábeis. Não há, porém, necessidade de coincidência com o ano civil (1.1 a 31.12). O que de fato ocorre é que a maioria das empresas define a data do término do exercício social exatamente em 31.12 de cada ano, isso porque, para fins de imposto de renda, o exercício social deverá coincidir com o ano civil. Em resumo, exercício social é o período de 12 meses em cujo último dia os proprietários e/ou administradores levantam os saldos do ativo, do passivo exigível, do patrimônio líquido, bem como do resultado do exercício.

4.2 Conceito de ação, dividendos e sociedade anônima

Ações são títulos de propriedade de certa fração ou proporção do capital social de uma sociedade por ações. Uma ação é a menor fração desse capital social. Imagine uma S.A. (sociedade anônima) com capital social no valor de R$ 100 mil, representado por cem mil ações de valor nominal igual a R$ 1,00. Os investidores que comprarem tais ações passarão a ser 'donos' da S.A. na proporção das ações adquiridas, assim, quem comprar 20 mil ações terá, obviamente, 20% da empresa. As ações podem ser **ordinárias**, ou seja, dão direito a voto, e **preferenciais**, isto é, propiciam preferências aos seus titulares, como, por exemplo, prioridade no recebimento de dividendos. As ações ordinárias e preferenciais podem ser nominativas, endossáveis e ao portador.

A sociedade anônima, também chamada de sociedade por ação, tem o capital social dividido em ações, e a responsabilidade dos acionistas, proprietários das ações, é limitada ao preço de emissão dessas ações subscritas ou adquiridas. É um tipo de sociedade regida pela Lei n. 6.404/76, atualizada pela Lei n. 10.303/01. Trata-se de uma sociedade formada por, no mínimo, sete acionistas, sendo o capital de cada um representado pelo número proporcional de ações que possuem. A S.A. pode ser qualquer tipo de atividade comercial, industrial, agrícola ou de prestação de serviço.

Dividendo representa a remuneração, a renda atribuída a cada ação. De forma bem simples, pense da seguinte forma: algumas pessoas aplicam na caderneta de poupança para ter direito aos juros, outras compram ações para ter direito aos dividendos. Então, dividendos são os 'juros' das ações. As sociedades por ações distribuem regularmente dividendos — em outras palavras, a parte do lucro líquido do exercício que se destina aos acionistas é chamada de dividendo. A sociedade por ações, em seu estatuto social, poderá estabelecer o pagamento dos dividendos como uma porcentagem do lucro ou estabelecer outros critérios desde que não contrariem as regras estabelecidas pela Lei n. 6.404/76.

4.3 Balancete de verificação

Sabemos que com o método das partidas dobradas, para cada débito haverá um crédito de igual valor. Conseqüentemente, a qualquer momento, o somatório dos saldos devedores das contas ativas, de despesas e de custos, deverá ser igual ao somatório dos saldos credores das contas do passivo exigível, das contas do patrimônio líquido e das contas de receitas. No fim de um dado período de tempo, o procedimento de verificar a soma dos saldos devedores com a soma dos saldos credores é chamado de **balancete de verificação**. Em outras palavras, o balancete, uma espécie de diminutivo de balanço, **verifica** a correção da aplicação do método das partidas dobradas.

Dependendo do tipo de empresa — comercial, industrial, financeira etc. —, o balancete de verificação é levantado de tempos em tempos (diariamente, semanalmente, quinzenalmente, mensalmente). O normal é um balancete mensal, todavia, algumas empresas — bancos, por exemplo — o fazem diariamente.

Os sistemas computacionais das empresas, no fim de cada período estabelecido, 'varrem' o **livro razão** para obter os saldos de todas as contas, e lançam cada saldo, de cada conta, num relatório chamado 'balancete'. Se o método das partidas dobradas tiver sido aplicado corretamente, o somatório dos saldos devedores, dispostos em coluna própria do relatório, será igual ao somatório dos saldos credores, também dispostos em coluna própria.

O balancete de verificação não é infalível, por isso não é capaz de assegurar a correta aplicação do método das partidas dobradas, pois pode haver erros que ele não consegue detectar: por exemplo, a compra de um veículo que deveria ter sido registrada na conta 'veículos' mas que foi lançada na conta 'máquinas'. O balancete 'fechará' (somatório dos saldos devedores igual ao somatório dos saldos credores), mas haverá um erro, pois há um veículo não registrado na empresa. Nesse caso, somente mecanismos de controle interno nas empresas serão capazes de detectar o problema ou de impedir que falha desse tipo ocorra. Quanto à sua forma, o balancete pode ser:

- **Analítico:** quando reúne os saldos do balancete anterior, os movimentos de débitos e créditos do período em análise, e os saldos atuais. Exemplo:

Tabela 4.1

CONTAS	SALDO DO MÊS ANTERIOR		MOVIMENTO DO MÊS		SALDO ATUAL	
	D	C	D	C	D	C
Caixa	1.000,00		2.000,00	500,00	2.500,00	
Bancos	300,00		34.800,00	32.500,00	2.600,00	
Capital		10.000,00	-0-	-0-		10.000,00
Estoques	21.300,00		35.200,00	21.200,00	35.300,00	
Contas a pagar		600,00	-0-	400,00		1.000,00
Duplicatas a pagar		12.000,00	23.000,00	24.100,00		13.100,00
Empréstimos			-0-	16.300,00		16.300,00
Receita com vendas		40.000,00		48.000,00		88.000,00
Custo das vendas	25.000,00		38.000,00		63.000,00	
Despesas	5.000,00		8.000,00		13.000,00	
Aplicações financeiras	10.000,00		2.000,00	-0-	12.000,00	
Total	62.600,00	62.600,00	143.000,00	143.000,00	128.400,00	128.400,00

- **Sintético:** quando reúne apenas os saldos finais das contas devedoras e credoras do período que está sendo verificado. Exemplo:

Tabela 4.2

CONTAS	SALDOS DEVEDORES	SALDOS CREDORES
Caixa	2.500,00	
Bancos	2.600,00	
Capital		10.000,00
Estoques	35.300,00	
Contas a pagar		1.000,00
Duplicatas a pagar		13.100,00
Empréstimos		16.300,00
Receita com vendas		88.000,00
Custo das vendas	63.000,00	
Despesas	13.000,00	
Aplicações financeiras	12.000,00	
Total	128.400,00	128.400,00

4.4 Apuração do resultado do exercício

No tópico anterior, vimos que o exercício social tem a duração de um ano e que em cada exercício social será apurado o resultado (lucro ou prejuízo). Na apuração do resultado, todos os saldos das contas de despesas, custos e receitas são transferidos para uma conta chamada ARE (**apuração do resultado do exercício**).

As etapas ou passos a serem seguidos na apuração do resultado são demonstrados a seguir:

- **1º passo:** criar a conta ARE.
- **2º passo:** transferir ('zerar') todas as contas de despesas, custos e receitas para a conta ARE.
- **3º passo:** apurar e transferir a PIR (**provisão para imposto de renda**) para o PE (passível exigível).
- **4º passo:** transferir (zerar) o saldo da conta ARE para a conta lucros acumulados (PL).

A empresa está encerrando o resultado para saber se sua atividade naquele período produziu lucro ou prejuízo. O lucro ou o prejuízo apurados serão transferidos para o patrimônio líquido da empresa, que é uma conta patrimonial, não uma conta de resulta-

Elaboração das demonstrações contábeis 37

dos. É com base nesse levantamento de saldos das contas de resultado, todos lançados na conta ARE, que a empresa levantará e elaborará uma demonstração (relatório) chamada **demonstração do resultado do exercício**, assunto que estudaremos no Capítulo 5.

4.4.1 Processo de apuração do resultado do exercício

Tomemos um exemplo para facilitar o entendimento: No fim de determinado exercício a empresa Alfa S.A. apresentava os seguintes saldos em suas contas de resultado e na conta patrimonial lucros acumulados:

Despesa com salários (R$)	
(Sa)40.000,00	40.000,00(1)

Receita com vendas (R$)	
(2)100.000,00	100.000,00(Sa)

Despesa com comissões (R$)	
(Sa)10.000,00	10.000,00(3)

CMV (R$)	
(Sa)30.000,00	30.000,00(4)

ARE (R$)	
(1)40.000,00	(2)100.000,00
(3)10.000,00	
(4)30.000,00	
80.000,00	100.000,00
(5)8.000,00	20.000,00 (Lair)
(6)12.000,00	12.000,00 (LLE)

Lucros acumulados (R$)	
	9.000,00(Sa)
	12.000,00(6)
	21.000,00

(Sa) — *Saldo anterior*
Lair — *Lucro antes do imposto de renda*
LLE — *Lucro líquido do exercício*

PIR (Provisão para imposto de renda)	
	R$ 8.000,00(5)

Vamos acompanhar 'passo a passo' o processo de apuração do resultado:

1. Encerramento da conta 'despesas com salários'. Já vimos que as contas de despesas sempre apresentam saldo devedor. O saldo anterior (Sa) da conta é devedor em R$ 40 mil; logo, para 'zerar' aquele saldo, a conta precisa ser creditada. Reparem o lançamento n. 1 do lado direito (o lado do crédito) na conta 'despesa com salários'. Para onde foi o débito? O débito foi para a conta ARE (apuração do resultado do exercício). Observe a 'dobra' da partida: o mesmo lançamento n. 1 do lado esquerdo do razonete (o lado do débito) da conta ARE.
2. Receitas são contas credoras, aumentam o PL. Ora, um saldo credor, que no exemplo é o saldo final do exercício, só pode ser encerrado se houver um débito na conta. O lançamento n. 2 debita a conta 'receita com vendas', e a outra partida (a contrapartida) é a conta ARE. Perceba a convenção para uso do razonete: Débito, lado esquerdo do 'T'; crédito, lado direito do 'T'.
3. Idem lançamento n. 1, só muda o nome da conta. O raciocínio é idêntico.
4. Já vimos que, conceitualmente, **custos** diferem de **despesas** porque são desembolsos efetuados ou ainda devidos que estão associados ao processo de comercialização das mercadorias vendidas — no caso, um comércio. Vimos também que os custos sensibilizam o PL da mesma forma que as despesas (custos e despesas reduzem o PL). Então, vale o mesmo raciocínio aplicado na transação n. 1, ou seja, as contas devedoras são zeradas com um crédito — o débito 'vai' para a conta ARE.
5. Apuração da PIR (provisão para imposto de renda). A PIR é uma espécie de expectativa de pagamento para o ano seguinte do imposto devido pela empresa ao governo federal. (No exemplo, houve uma alíquota de 40%.) Repare no seguinte: o imposto, que ainda será pago, é debitado da conta ARE e creditado na conta PIR, que é uma conta do **passivo exigível**. Sim, o governo vai *exigir* o pagamento no ano seguinte. O débito na conta ARE diminui o saldo dessa conta em R$ 8 mil, e o crédito na conta PIR aumenta seu saldo em R$ 8 mil. Vamos rememorar? *O passivo aumenta por meio de créditos e diminui por meio de débitos.*
6. Nesse caso, após todos os encerramentos (zeragem das contas de resultado, custos, despesas e receitas) e cálculo da provisão para pagamento do fisco no ano seguinte, apura-se um saldo R$ 12 mil credor, ou seja, a empresa, no fim do exercício, apurou um lucro. Se parássemos a operação aqui, a conta ARE ficaria credora em R$ 12 mil. Sabemos, no entanto, que a conta ARE 'aparece e desaparece' no fim do exercício, e que tal conta serve apenas para apurar o resultado. O lucro pertence aos proprietários — é por isso que o lucro deve ser transferido para o patrimônio líquido (capital próprio) aumentando o saldo da conta 'lucros/prejuízos acumulados'. Os proprietários devem decidir se o lucro perma-

necerá na empresa como reinvestimento ou se será distribuído. O normal é que uma parte do lucro fique na empresa e a outra parte seja distribuída. (É a remuneração do capital investido.) Como havia R$ 9 mil de saldo anterior, a conta passa a ter lucros acumulados no valor total de R$ 21 mil.

Resumindo, temos:

1. Sabemos que despesas e custos são contas que possuem saldos eminentemente devedores, logo, para zerarmos tais contas, basta creditá-las no mesmo valor contra a conta ARE. Lançamentos n. 1, 3 e 4.
2. As contas de receitas são contas eminentemente credoras. Assim, para zerarmos tais contas precisamos debitá-las contra a conta ARE. Lançamento n. 2.
3. Apuração do Lair (lucro antes do imposto de renda). Na verdade, a base de cálculo para o 'Leão'.
4. O resultado apurado na conta ARE será sempre transferido para a conta lucros acumulados. Lançamento n. 6.
5. Perceba que no último dia do exercício social, após todos os passos dados, as contas de despesas, custos, receitas e a própria conta ARE *sempre* deverão apresentar saldo *zero*.
6. Não esqueça: a conta ARE aparece e desaparece *sempre* no fim de cada exercício.

4.5 Distribuição do resultado do exercício

O lucro é a remuneração do capital investido na empresa. Seja um quotista, um acionista ou até mesmo o dono do bar da esquina, eles investem em suas respectivas empresas e, evidentemente, querem retorno para seus investimentos. Tal retorno vem sob a forma de distribuição de dividendos (uma espécie de remuneração por conta do investimento feito na empresa), retiradas pró-labore, honorários etc. Se você comprou uma empresa por R$ 100 mil e espera um retorno do capital investido em dez anos, isso significa que durante dez anos você deve retirar R$ 10 mil do seu lucro anual, que deixará de ficar acumulado na empresa e irá para seu bolso. Nesse exemplo, a partir do décimo ano você começa a receber o *delta*, o *plus*, o gradiente, os *juros* referentes à sua opção de investimento. Assim é nas sociedades anônimas: todos os anos, após apuração do lucro, distribuem-se os dividendos.

Havendo lucro no exercício, este deve ser transferido para a conta 'lucros/prejuízos acumulados'. Antes de distribuir os dividendos, a empresa deve verificar uma série de formalidades legais, tanto intrínsecas (as normas estatutárias) quanto extrínsecas à empresa (a Lei das S. A., principalmente). Após cumpridas tais formalidades, a administração da empresa deve 'propor' a distribuição de dividendos na expectativa de aprovação por uma assembléia de acionistas. No exemplo apresentado no item 4.4.1, a empresa transfere para a conta 'lucros acumulados' o valor de R$ 12 mil. Vamos admitir que o estatuto da empresa contemple que os dividendos a serem distribuídos representem 50% do lucro líquido do exercício. Dessa forma, a empresa deve criar uma obrigação para pagamento no ano seguinte e 'tirar' os recursos da conta 'lucros/prejuízos acumulados'. Atenção! Os recursos para pagamento de dividendos sempre são retirados da conta 'lucros/prejuízos acumulados'. Vejamos o exemplo a seguir:

> Base de cálculo: lucro líquido do exercício
>
> Percentual de distribuição = 50%
>
> Cálculo para distribuição de dividendos = R$ 12.000,00 × 50% = R$ 6.000,00
>
> Dividendos propostos = R$ 6.000,00

Contabilmente, teríamos:

Lucros acumulados (R$)	
	9.000,00 (Sa)
	12.000,00 (6)
(7) 6.000,00	
6.000,00	21.000,00
	15.000,00

Dividendos a pagar (R$)	
	(7) 6.000,00

Obs.: não se esqueça de que a base de cálculo para pagamento dos dividendos é o lucro líquido do exercício, não o saldo da conta 'lucros/prejuízos acumulados'.

4.6 Regime de competência *versus* regime de caixa

Em contabilidade, *regimes* são formas de reconhecimento contábil das receitas, despesas e custos. O regime adotado significa que as receitas, as despesas e os custos serão reconhecidos, contabilizados, escriturados e apropriados pela contabilidade da empresa, por uma das formas a seguir:

- no momento em que ocorrer o efetivo pagamento; ou
- pelo fato gerador do evento.

A adoção de um ou outro regime depende de várias questões, como: nas empresas privadas, o regime de competência é obrigatório pelas leis fiscais e societárias; já nas empresas públicas, o regime é misto, as receitas são reconhecidas pelo regime de caixa, e as despesas, pelo regime de competência. Vamos analisar, a partir daqui, cada um dos regimes e suas especificidades.

4.6.1 Regime de competência

Este regime, na verdade, é um **princípio fundamental de contabilidade** (assunto que abordaremos mais adiante) que estabelece que os registros de receitas e despesas devem ser efetuados com base no fato gerador, não quando ocorrer o efetivo pagamento (desembolso) ou recebimento (entrada de recursos), ou seja, as receitas e despesas serão reconhecidas, quer dizer, escrituradas, contabilizadas e apropriadas na contabilidade das empresas no período (mês, semestre, ano) em que foram geradas, não importando o recebimento (entrada de caixa) ou pagamento (saída de caixa). Exemplos:

1. Venda de mercadorias a prazo no mês de *maio* por R$ 10 mil, cujo valor só será pago pelo cliente no mês de *junho*. As mercadorias foram entregues ao cliente no ato da venda.

   Lançamento em *maio*:

D	—	Duplicatas a receber	R$ 10.000,00
C	—	Receita com vendas	R$ 10.000,00

   Veja: a receita com vendas foi gerada em *maio* e é nesse mês que ela está sendo reconhecida. Repare: pela venda, o *dinheiro só entrará* na empresa no mês de *junho*.

   Lançamento em *junho*, quando do pagamento pelo cliente:

D	—	Caixa ou bancos	R$ 10.000,00
C	—	Duplicatas a receber	R$ 10.000,00

   Obs.: não considerado o lançamento da baixa do estoque e o reconhecimento do custo.

2. Salários do mês de *junho* sendo efetivamente pagos no mês de *julho*. A prestação do serviço pelo empregado se deu em *junho*; logo, o *fato gerador* para a despesa *compete* a esse mês e será nesse mês que a despesa com os salários dos empregados será reconhecida, escriturada e contabilizada na empresa, ainda que o efetivo pagamento só ocorra no mês seguinte:

D	—	Despesas com salários
C	—	Salários a pagar

No mês de *julho*, quando do efetivo pagamento dos empregados:

D	—	Salários a pagar
C	—	Caixa ou bancos

3. Compra a prazo em maio, para pagamento em junho, de materiais de escritório no valor de R$ 2 mil. No mês de julho, 50% dos materiais foram entregues, para consumo, aos empregados da empresa.
a) Em maio, pela aquisição a prazo:

D	—	Materiais de escritório	R$ 2.000,00
C	—	Contas a pagar	R$ 2.000,00

Observe que no momento da aquisição não há nenhuma despesa. Os bens 'materiais de escritório' são ativados até que haja consumo, e aí, sim, se tornarão despesas. Continuando:
b) Em junho, pelo pagamento ao credor:

D	—	Contas a pagar	R$ 2.000,00
C	—	Caixa ou bancos	R$ 2.000,00

c) Em julho, pelo consumo dos materiais:

D	—	Despesas com materiais para escritório	R$ 1.000,00
C	—	Materiais de escritório	R$ 1.000,00

Perceba a lógica da coisa: o fato gerador para a ocorrência da despesa é o consumo dos materiais, ou seja, enquanto os materiais não forem consumidos, não haverá motivo para a ocorrência de despesa, independentemente se houve ou não o pagamento pelos materiais adquiridos. Não esqueça: o que gera a despesa, neste caso, é o consumo dos materiais, não o desembolso pelo pagamento ao credor.

4.6.2 Regime de caixa

Neste regime, as despesas e receitas serão reconhecidas somente quando do efetivo pagamento ou recebimento dos recursos. Detalhe: ele só é usado por entidades filantrópicas, condomínios e empresas afins, pois para esses tipos de empresas, o que importa são as entradas e saídas de caixa/bancos, não os resultados econômicos do período em análise. Aliás, as empresas que utilizam o regime de caixa o fazem exatamente por não objetivarem lucro. Um dia, na sua vida profissional, você acabará se deparando com estudos sobre fluxo de caixa e aí perceberá quão importante é essa forma de controle e decisão que considera somente o que foi pago ou recebido, não importando o período a que se refere a despesa ou a receita.

Vejamos o seguinte exemplo:

Receita de R$ 20 mil no período, sendo que *30% foram efetivamente recebidos* nesse período.

Despesa de R$ 8 mil no período, sendo que *80% foram efetivamente pagos* nesse período.

DESPESA/RECEITA	COMPETÊNCIA	CAIXA
Receita	20.000,00	6.000,00
(–)Despesa	8.000,00	6.400,00
= Resultado	Lucro (superávit) 12.000,00	Prejuízo (déficit) ....(400,00)

Perceba a diferença de 'resultados'. Não esqueça: o regime de caixa é muito mais um instrumento de controle e decisão do que propriamente uma forma de reconhecimento contábil. O **princípio da competência dos exercícios** (assunto que abordaremos mais adiante) é uma forma de reconhecimento que podemos chamar de universal e plenamente aceita pela comunidade contábil, reconhecimento este de receitas e despesas que competem aos respectivos períodos de tempo e que independem das entradas e saídas das disponibilidades das empresas.

4.7 Plano de contas

Toda empresa, obrigada a manter uma escrituração contábil, deve fazer um estudo preliminar sobre quais contas utilizará para registrar suas operações.

Nesse planejamento devem ser consideradas as particularidades de cada empresa, especialmente a política e as necessidades da direção no que se refere à freqüência de informações que o sistema contábil deve fornecer — se diária, semanal ou mensal — para auxílio na gestão dos negócios.

O resultado desse planejamento é uma relação de contas elaboradas, normalmente pelo contador da empresa, que servirá como um guia nas tarefas contábeis. Essa relação é conhecida como **plano de contas**.

Toda entidade privada ou pública, seja ou não de fins lucrativos, deve elaborar o seu plano de contas. Algumas, por causa de questões legais, são obrigadas a seguir planos de contas já elaborados. Por exemplo: a maioria das entidades da administração pública, empresas de energia elétrica, seguradoras, bancos, distribuidoras de títulos e valores mobiliários etc.

4.7.1 Estrutura do plano de contas

Embora o plano de contas seja específico para cada empresa, há uma estrutura comum a todos eles, que obedece basicamente à classificação das contas.

Contas patrimoniais:	Ativo
	Passivo
	Patrimônio líquido
Contas de resultado:	Despesas
	Custos
	Receitas

4.7.1.1 Contas sintéticas e analíticas

As contas sintéticas são assim chamadas porque realmente sintetizam vários saldos de várias outras contas. Uma conta sintética é uma *conta-mãe*; seu saldo contempla o saldo de outras contas a ela vinculadas, as chamadas *contas-filhas*. Exemplo: há uma grande conta chamada *bancos*; essa é a conta sintética. As contas analíticas ou contas-filhas seriam Bancos — Banco A, Bancos — Banco B, e assim por diante. Outro exemplo: a conta 'despesas com vendas' é uma conta que sintetiza, que aglutina vários saldos de outras contas (as contas analíticas), tais como despesas com propaganda, despesas com comissão de vendedores, despesas com embalagens etc.

4.7.1.2 Codificação das contas

No plano de contas é comum o uso de números ou letras para representar o código de cada conta. A codificação facilita o trabalho de classificação dos documentos que comprovam o fato contábil. A codificação das contas permite caracterizá-las imediatamente como contas patrimoniais ou de resultado, contas sintéticas ou analíticas. Os planos de contas podem ser codificados da seguinte forma:

1 — Ativo
2 — Passivo
3 — Patrimônio líquido
4 — Receitas
5 — Despesas e custos

Vamos observar o seguinte exemplo:

1.1.1.2 — Bancos conta movimento

1.1.1.2.01

O primeiro dígito indica se a conta é do ativo, passivo, PL, despesas, custos ou receitas.
O segundo dígito indica um subgrupo do ativo.
O terceiro dígito indica uma subdivisão do subgrupo.
O quarto dígito indica a conta sintética.
Os quinto e sexto dígitos indicam a conta analítica.

1 — Ativo
1 — Ativo de curto prazo (veremos mais à frente que este ativo tem o nome de **circulante**)
1 — Ativo que representa as disponibilidades imediatas
2 — Bancos
01 — Banco A

Outro exemplo:

1.2.1.1 — Valores a receber

1.2.1.1.01

1 — Ativo
2 — Ativo de longo prazo (este ativo tem o nome de **realizável a longo prazo**)
1 — Direitos realizáveis a longo prazo
1 — Valores a receber
01 — Cliente A

Obs.: as contas que usaremos neste trabalho foram baseadas no plano de contas sugerido no *Manual de contabilidade das sociedades por ações*[1] e estão indicadas nas estruturas da DRE (demonstração do resultado do exercício) e do balanço patrimonial apresentadas no Capítulo 5.

4.8 Princípios fundamentais de contabilidade

Imagine o mundo pós-mercantilismo, início da Revolução Industrial. Várias empresas surgindo, todas tendo de registrar, mensurar, controlar, avaliar, informar sobre seus respectivos patrimônios. Imagine mais: o surgimento de um incipiente mercado de capitais e os novos 'investidores' querendo saber sobre a situação patrimonial, econômi-

---

[1] Eliseu Martins, Sérgio de Iudícibus e Ernesto Gelbcke. *Manual de contabilidade das sociedades por ações*. 4. ed., São Paulo: Atlas, 1995.

ca, financeira e de resultados das empresas. Enfim, usuários da informação contábil, ávidos por conhecimento para tomarem várias decisões.

Naquela época começam a surgir algumas dificuldades. Em determinados países as empresas registravam as receitas quando efetivamente recebiam o dinheiro; em outros, as receitas eram reconhecidas no período em que foram geradas, não quando efetivamente se recebia o dinheiro pela venda. Havia mais dúvidas: "E se eu vender no período 1, entregar a mercadoria no período 2 e efetivamente receber pela venda no período 3, quando irei, numa situação dessas, reconhecer a receita com a venda?", perguntava um incrédulo contador daqueles tempos.

Quaisquer decisões que tomemos na área econômico-financeira, duas variáveis devem estar presentes:

- Um padrão de comparabilidade.
- Uma série histórica (conjunto de dados ou números dispostos numa série temporal).

Se cada empresa, de cada país, levantasse as peças contábeis segundo o 'seu' entendimento, não haveria consistência nem uniformidade nos números e, por exemplo, indústrias do mesmo ramo teriam balanços e demonstração de resultados absolutamente incomparáveis.

Sem dúvida, deveria haver regras comuns para interpretar corretamente quaisquer peças contábeis das empresas, estivessem elas (empresas) no seu país de origem ou em qualquer outro país. Nascia, naquele momento, a necessidade de globalizar as regras para emissão das peças contábeis das empresas.

Assim, os **princípios fundamentais de contabilidade** são o conjunto de regras, normas e conceitos que norteiam a ciência contábil. Tais princípios foram obtidos por meio de consenso entre a classe contábil e os demais usuários da informação contábil.

Várias das regras atuais foram 'aceitas' pela comunidade contábil porque os profissionais de contabilidade da época já as praticavam. Essas regras foram sendo experimentadas, testadas e daí surgiram procedimentos adequados aos registros, às análises e aos cálculos dos fatos contábeis.

Na literatura contábil encontramos várias formas de hierarquização para definir as regras que regem a contabilidade. Existem postulados contábeis, princípios (conceitos) contábeis e convenções (restrições) contábeis.

Os professores da Fipecafi[2] definiram tal hierarquia da seguinte forma:

- **Postulados contábeis:** os postulados ambientais da contabilidade enunciam solenemente condições sociais, econômicas e institucionais dentro das quais a contabilidade atua.

---

2 Obra citada.

- **Princípios propriamente ditos:** representam a resposta da disciplina contábil aos postulados. Constituem o núcleo central da estrutura contábil e delimitam como a profissão irá, em largos traços, posicionar-se diante das realidades social, econômica e institucional admitidas pelos postulados.
- **Convenções ou restrições:** representam dentro do direcionamento geral dos princípios certos condicionamentos de aplicação, numa ou noutra situação prática. A hierarquização das normas e regras estabelecidas pela Fipecafi não encontrou eco no Conselho Federal de Contabilidade. Essas normas e regras são classificadas, em qualquer caso, como **princípios fundamentais de contabilidade**.

A seguir, as principais regras e normas contábeis aceitas universalmente.

Apenas como ilustração, observe o glossário dos termos mais importantes aqui utilizados para o perfeito entendimento do porquê da 'hierarquização' proposta pela Fipecafi:

Postulado: Proposição ou observação de certa realidade que poderá ser considerada como não sujeita à verificação ou axiomática. Axioma é uma proposição evidente por si mesma e que não carece de demonstração.

Princípio: Regras fundamentais admitidas como base de uma ciência, de uma arte.

Assim, pela Fipecafi, teríamos:

Postulados:	Entidade
	Continuidade
Princípios:	Custo histórico como base de valor
	Denominador comum monetário
	Realização da receita
	Competência dos exercícios
Convenções:	Objetividade
	Materialidade
	Conservadorismo
	Consistência

4.8.1 Entidade

"A contabilidade é mantida para as entidades; os sócios ou quotistas destas não se confundem, para efeito contábil, com aquelas..."[3] Imagine um pequeno comércio cujo

---

3 Fipecafi, obra citada.

único dono 'pega dinheiro' na caixa registradora da empresa. A contabilidade deverá registrar um empréstimo da empresa a seu único dono. Em resumo: o caixa da empresa não é dos 'donos', sócios ou quotistas, mas da entidade.

4.8.2 Continuidade

"Para a contabilidade, a entidade é um organismo vivo que irá viver (operar) por um longo período de tempo (indeterminado), até que surjam fortes evidências em contrário..."[4] Quando se constitui uma empresa, espera-se que ela tenha vida infinita. Tal admissão (vida útil indeterminada) permite registrar os fatos contábeis, as transações contábeis a valores de entrada, ou seja, o preço registrado no momento da transação, e não a valores de saída, o que seria uma espécie de liquidação da empresa.

4.8.3 Custo histórico como base de valor

"O custo de aquisição de um ativo ou dos insumos necessários para fabricá-lo e colocá-lo em condições de gerar benefícios para a entidade representa a base de valor para a contabilidade, expresso em termos de moeda de poder aquisitivo constante..."[5] Esse princípio complementa o anterior, pois 'obriga' as empresas a registrar os fatos contábeis a valores de entrada e não a valores de saída.

4.8.4 Denominador comum monetário

"As demonstrações contábeis, sem prejuízo dos registros detalhados de natureza qualitativa e física, serão expressas em termos de moeda nacional de poder aquisitivo da data do último balanço patrimonial..."[6] Muito claro este princípio: se o 'poder aquisitivo' da moeda for diferente nas datas do levantamento das peças contábeis, não teremos como comparar os números por faltar uniformidade e consistência, daí a necessidade de 'moedas de mesmo poder aquisitivo'. Este princípio não trata apenas da moeda do país em que se está levantando a peça contábil, mas também do poder aquisitivo dessa moeda no fim do exercício social.

4.8.5 Realização da receita

"A receita é considerada realizada e, portanto, passível de registro pela contabilidade, quando produtos ou serviços produzidos ou prestados pela entidade são transferidos para outra entidade ou pessoa física com a anuência destas e mediante pagamento ou

---

4 Fipecafi, obra citada.
5 Fipecafi, obra citada.
6 Fipecafi, obra citada.

compromisso de pagamento especificado perante a entidade produtora."[7] O que este princípio preconiza é o momento de reconhecimento da receita pelas empresas. E que momento é esse? Quando os produtos ou serviços são colocados à disposição do cliente.

4.8.6 Competência dos exercícios

"As despesas e receitas de cada exercício contábil devem ser confrontadas para a apuração do resultado obtido pela entidade em cada exercício. O registro de despesas e receitas deve ser feito com base no fato gerador e não quando ocorre o efetivo pagamento ou recebimento, respectivamente."[8] Assunto já abordado neste capítulo.

4.8.7 Objetividade

"Para procedimentos igualmente relevantes, resultantes da aplicação dos princípios, preferir-se-ão, em ordem decrescente: a) os que puderem ser comprovados por documentos e critérios objetivos; b) os que puderem ser corroborados por consenso de pessoas qualificadas da profissão, reunidas em comitês de pesquisa ou em entidades que têm autoridade sobre princípios contábeis..."[9] O que se pretende aqui é a evidenciação, ou seja, a contabilidade sempre preferirá adotar procedimentos que possam ser suportáveis por evidências documentais ou normas escritas, ou por consenso profissional.

4.8.8 Materialidade

"O contador deverá, sempre, avaliar a influência e materialidade da informação evidenciada ou negada para o usuário à luz da relação custo-benefício, levando-se em conta aspectos internos do sistema contábil..."[10] Quer dizer, se a informação for mal evidenciada ou não for evidenciada, o que traz de prejuízo para o usuário da informação contábil? Há relevância nos números mal ou não evidenciados? Em caso afirmativo, sem dúvida esse princípio deve ser invocado.

4.8.9 Conservadorismo

"Entre conjuntos alternativos de avaliação para o patrimônio igualmente válidos, segundo os princípios fundamentais, a contabilidade escolherá o que apresenta o menor valor atual para o ativo e o maior para as obrigações..."[11] De acordo com este princípio, não há criação de expectativas otimistas enquanto perdurarem os motivos para invo-

---

7 Fipecafi, obra citada.
8 Fipecafi, obra citada.
9 Fipecafi, obra citada.
10 Fipecafi, obra citada.
11 Fipecafi, obra citada.

cá-lo — a empresa se prepara para a 'pior' situação. Por exemplo: uma ação da empresa A adquirida pela empresa B por R$ 1,00, na data do balanço vale R$ 0,40. A contabilidade da empresa B retificará o valor de R$ 1,00 registrado na entrada (quando foi adquirido), criando, assim, uma provisão para a provável perda (veremos este assunto no Capítulo 6), ou seja, ela 'diz' para o usuário da informação contábil: "Se vendermos hoje nosso bem, não iremos obter R$ 1,00, mas R$ 0,40".

4.8.10 Consistência

"A contabilidade de uma entidade deverá ser mantida de forma tal que os usuários das demonstrações contábeis tenham possibilidade de deliberar a tendência da mesma com o menor grau de dificuldade possível..."[12] Se a empresa alterar um critério contábil que vinha sendo adotado historicamente, essa mudança de critérios pode gerar alterações econômicas e financeiras nos números da empresa, quando comparadas com os números da situação anterior. Como base nesse princípio, tais alterações têm de ser mensuradas e informadas aos usuários da contabilidade.

4.9 Levantamento das demonstrações contábeis

Sabemos que a contabilidade interessa a muitos usuários e a maneira de demonstrar, de expor a situação financeira, econômica, patrimonial e de resultados das empresas a esses vários interessados é por meio do que se convencionou chamar de **demonstrações contábeis ou financeiras**. Existem vários tipos de demonstrações, as quais, na verdade, são relatórios que resumem de forma ordenada os dados econômicos e financeiros, transformando-os em peças que servirão para a tomada de decisão de cada um dos interessados na informação contábil.

A Lei das Sociedades por Ações, Lei n. 6.404/76, atualizada pela Lei n. 10.303/01, determina que ao fim de cada exercício social (normalmente um ano) a diretoria deverá elaborar, **com base na escrituração contábil**, as seguintes demonstrações contábeis (ou financeiras):

- Balanço patrimonial.
- Demonstração do resultado do exercício.
- Demonstração de lucros ou prejuízos acumulados.
- Demonstração das origens e aplicações de recursos.
- Notas explicativas.

Vale registrar que as sociedades por quotas de responsabilidade limitada não seguem as regras da Lei n. 6.404/76, mas a legislação do imposto de renda. Todavia, as 'li-

---

12 Fipecafi, obra citada.

mitadas', para atender ao fisco (imposto de renda), estruturam suas demonstrações nos moldes da Lei das S.A.

As demonstrações contábeis são elaboradas tomando como base os livros contábeis, nos quais todos os fatos foram registrados. Desses livros — principalmente do livro razão — são retirados todos os saldos das diversas contas da empresa que irão compor as peças contábeis a serem levantadas.

Levantar as demonstrações significa conhecer uma estrutura padronizada na qual os sistemas computacionais das empresas irão alocar os valores segundo cada saldo, cada comparação entre saldos, cada comparação entre grupo de saldos etc.

Cada estrutura tem um nome e uma função, e será elaborada respeitando as condições que neste capítulo foram expostas, por exemplo:

- A verificação de que o método das partidas dobradas foi aplicado corretamente;
- O respeito aos princípios fundamentais de contabilidade ou regimes contábeis;
- O respeito ao plano de contas, que foi estruturado segundo as especificidades da empresa.

No próximo capítulo conheceremos as estruturas padronizadas de todas as demonstrações preconizadas em lei. Vale lembrar que tais demonstrações são levantadas segundo critérios ou processos preestabelecidos, tais como:

- Para elaborarmos a DRE, buscaremos, no último dia do exercício social, os saldos finais das contas de receitas, de despesas, de custos. Sabemos que essas contas são zeradas contra a conta ARE (apuração do resultado do exercício), assim, se quisermos, podemos recorrer a essa conta e 'ver' todas as contas de resultado que foram encerradas, bem como seus respectivos saldos, a fim de compor a estrutura da DRE.
- Para elaborarmos o balanço patrimonial buscaremos os saldos finais de todas as contas representativas do patrimônio da empresa, as chamadas contas patrimoniais. Além disso, alocaremos cada saldo de conta patrimonial seguindo uma ordem que permita ao usuário da informação contábil identificar por natureza e por prazo de realização ou de pagamento das contas, se contas ativas, se contas do passivo, se contas do patrimônio líquido.

Levantar uma demonstração é, portanto, conhecer sua estrutura e alocar corretamente os saldos das contas segundo os critérios estabelecidos pelas leis, princípios e regras vigentes.

5 Estrutura das demonstrações contábeis

CAPÍTULO

Estrutura significa a maneira como as partes de um todo estão dispostas entre si. Portanto, contabilmente falando, é a relação e a disposição dessas partes na composição do todo para o fornecimento de informações quantitativas, fundamentalmente de natureza econômico-financeira. A fim de cumprir de modo adequado sua função, a contabilidade envolve os processos de: a) identificação (registro e controle), b) avaliação (mensuração) e c) comunicação (informação), convenientes das posições econômico-financeiras das entidades para aqueles que precisam ou não tomar decisões na área empresarial. Tal comunicação tem de vir de forma estruturada, para que a informação seja compreensível, uniforme, oportuna e consistente.

As demonstrações contábeis devem ser preparadas de acordo com os **princípios fundamentais de contabilidade** que vimos no capítulo anterior, estruturadas em função de um consenso de padrões, métodos e práticas a serem empregados na identificação, na avaliação e na comunicação da informação econômico-financeira.

A seguir, apresentaremos a estrutura de cada demonstração exigida ou não por lei, levantada de acordo com os critérios e procedimentos aqui discutidos.

5.1 DRE — demonstração do resultado do exercício

Esta demonstração evidencia, de forma estruturada, os componentes que provocaram alterações no patrimônio líquido das empresas. Trata-se de um resumo ordenado das receitas, despesas e custos que fornece aos usuários das demonstrações financeiras da empresa os dados fundamentais da formação do resultado, com os vários tipos de lucro ou prejuízo existentes (bruto, operacional, antes dos impostos, depois dos impostos, o lucro ou prejuízo líquido do exercício). A Lei n. 10.303/01, que atualizou a Lei n. 6.404/76, define o conteúdo da demonstração do resultado do exercício que deverá ser apresentada de forma dedutiva com os detalhes necessários das receitas, despesas, custos, receitas e despesas não-operacionais, definindo claramente o lucro ou o prejuízo líquido do exercício. O art. 187 dessa lei determina:

"A demonstração do resultado do exercício discriminará:

I — a receita bruta das vendas e serviços, as deduções das vendas, os abatimentos e os impostos;

II — a receita líquida das vendas e serviços, o custo das mercadorias e serviços vendidos e o lucro bruto;

III — as despesas com vendas, as despesas financeiras, deduzidas das receitas, as despesas gerais e administrativas, e outras despesas operacionais;

IV — o lucro ou prejuízo operacional, as receitas e despesas não operacionais;

V — o resultado do exercício antes do imposto de renda e a provisão para o imposto;

VI — as participações de debêntures, empregados, administradores e partes beneficiárias, e as contribuições sociais para instituições ou fundos de assistência ou previdência de empregados;

VII — o lucro ou prejuízo líquido do exercício e o seu montante por ação do capital social; (...)".

A DRE é, na verdade, um relatório que demonstra de forma dedutiva os diversos tipos de receita, despesa, custos, participações e, principalmente, as diversas formas de lucro. Essas formas diferentes de lucro, despesas, custos etc. propiciam uma série de elementos para uma perfeita tomada de decisão por parte do usuário da informação contábil. Trata-se de uma demonstração dinâmica e muito lógica que pode ser vista de maneira compartimentada e, mesmo assim, continua sendo um poderoso instrumento para o processo decisório.

5.1.1 Estrutura da demonstração do resultado do exercício

| ROB |
| (−)Ded. |
| = ROL |

Da ROB (receita operacional bruta), que é o total do faturamento da empresa, subtraem-se os impostos incidentes sobre as vendas, as vendas que foram canceladas e os descontos concedidos na nota fiscal (Ded. = deduções), e assim encontramos a ROL (receita operacional líquida).

| ROL |
| (−)Custos |
| = LOB |

Da ROL subtraímos os diversos tipos de custos e encontramos o primeiro tipo de lucro, que é o lucro bruto, fruto das operações da empresa, chamado LOB (lucro operacional bruto).

LOB
(–)DO
+ ORO
(+/–)REP
= LOL

LOL
(+/–)RNO
= Lair
(–)PIR
= LDIR
(–)Part
= LLE

Do LOB diminuímos as despesas necessárias para vender as mercadorias, administrar a empresa e financiar as operações empresariais — são as chamadas DO (despesas operacionais). Acrescentamos as outras receitas operacionais, que são aquelas originadas não da venda de mercadorias, mas de outras atividades operacionais da empresa. Acrescentamos ou diminuímos o lucro ou o prejuízo na participação em outras sociedades (resultado de equivalência patrimonial) e aí encontramos o lucro fruto das operações da empresa, o chamado LOL (lucro operacional líquido).

Do LOL retiramos ou acrescentamos o RNO (resultado não-operacional), ou seja, o confronto entre despesas e receitas não-operacionais, que são aquelas (despesas e receitas) não relacionadas à natureza específica dos negócios da empresa, e que normalmente são de natureza aleatória e esporádica. Então, encontramos o Lair (lucro antes do IR), que é a base de cálculo da PIR (provisão para imposto de renda). Do lucro após a provisão retiramos as participações (Part) no lucro determinadas normalmente pelo estatuto da empresa. Estas são as participações dos empregados e dos administradores quando a empresa paga debêntures e partes beneficiárias (títulos de emissão da empresa). O que sobra é o LLE (lucro líquido do exercício).

DEMONSTRAÇÃO DO RESULTADO DO EXERCÍCIO RESUMIDA

Receita bruta com vendas
    (–)Deduções
= Receita líquida com vendas
    (–)Custos
= Lucro operacional bruto
    (–)Despesas operacionais
    + Outras receitas operacionais
    +/– Resultado de equivalência patrimonial
= Lucro operacional líquido
    +/– Resultado não-operacional
= Lucro antes do imposto de renda
    (–) PIR e CSSL
= Lucro líquido do exercício

5.2 Balanço patrimonial

É a apresentação padronizada dos saldos de todas as contas representativas do patrimônio de uma empresa em determinada data. O balanço patrimonial, além de representar a situação patrimonial da empresa na data em que estiver sendo levantado, indica a intenção da empresa com relação aos prazos de realização dos bens e direitos, bem como o cumprimento de suas exigibilidades. As contas do balanço são classificadas por grupos, de acordo com sua natureza e sob o ponto de vista monetário. Em resumo, é uma 'fotografia' da empresa em determinado momento. A Lei das S.A., no art. 178, determina para o balanço patrimonial:

"Seção III

Balanço Patrimonial

Grupos de contas

Art. 178. No balanço, as contas serão classificadas segundo os elementos do patrimônio que registrem, e agrupadas de modo a facilitar o conhecimento e a análise da situação financeira da companhia.

§ 1º No ativo, as contas serão dispostas em ordem decrescente de grau de liquidez dos elementos nelas registrados, nos seguintes grupos:
a) ativo circulante;
b) ativo realizável a longo prazo;
c) ativo permanente, dividido em investimentos, ativo imobilizado e ativo diferido.

§ 2º No passivo, as contas serão classificadas nos seguintes grupos:
a) passivo circulante;
b) passivo exigível a longo prazo;
c) resultados de exercícios futuros;
d) patrimônio líquido, dividido em capital social, reservas de capital, reservas de reavaliação, reservas de lucros e lucros ou prejuízos acumulados.

§ 3º Os saldos devedores e credores que a companhia não tiver direito de compensar serão classificados separadamente".

5.2.1 Ativo circulante

São os bens e direitos que a empresa espera realizar ('virar dinheiro') no exercício social seguinte à data do balanço. O critério de classificação das contas que compõem o AC (ativo circulante) obedece a *uma ordem decrescente de grau de liquidez* (a maior ou menor facilidade com que determinado bem é transformado em dinheiro). De maneira geral, a Lei n. 6.404/76 define as características dos elementos que devem compor o AC, a saber:

- Valores disponíveis para utilização imediata ou conversíveis em moeda corrente a qualquer tempo normalmente são reunidos sob o título de **disponibilidades**.
- Bens e direitos conversíveis em valores disponíveis durante o curso do exercício seguinte àquele do balanço ou realizáveis durante o ciclo operacional da empresa, se este exceder *um ano*. São, portanto, direitos realizáveis a curto prazo.
- Valores referentes a despesas já pagas que beneficiarão o exercício seguinte àquele da data do balanço. São também denominados aplicações de recursos em despesas do exercício seguinte (**despesas antecipadas**).

5.2.1.1 Contas no ativo circulante

Disponibilidades
    Caixa
    Bancos
    Aplicações financeiras de liquidez imediata
Duplicatas a receber
(–) Provisão para devedores duvidosos
(–) Duplicatas descontadas
Outros créditos
    Adiantamentos para viagens
    Antecipação de salários
    Antecipação de 13º salário
    Antecipação de férias
    Impostos a recuperar
        IPI, ICMS, IRPJ
Investimentos temporários
(–) Provisão para perdas
Estoques
    Matéria-prima
    Produtos em elaboração
    Produtos acabados
    Materiais de escritório
    Adiantamento a fornecedores
Despesas antecipadas
    Aluguéis pagos antecipadamente
    Seguros pagos antecipadamente
    Encargos financeiros a apropriar

Principais grupos de contas do ativo circulante

1. Disponibilidades

Representam o numerário à disposição da empresa. São recursos da empresa para fazer frente a compromissos imediatos ou para qualquer outra aplicação relativa à sua atividade. É uma conta também chamada de *disponível* e abrange as seguintes contas:

- **Caixa:** representa dinheiro à disposição da empresa;
- **Depósitos bancários à vista — Bancos conta movimento ou simplesmente bancos:** são os depósitos efetuados em conta corrente bancária, sacáveis ou movimentáveis a qualquer momento;
- **Aplicações financeiras de liquidez imediata (conversíveis em dinheiro imediatamente):** normalmente são aplicações em fundos de investimentos financeiros (FIFs) com resgates automáticos e sem carência alguma. Podem ser também aplicações diretas em papéis do governo, conversíveis, por causa da alta liquidez, imediatamente em dinheiro. Tais aplicações podem ser chamadas de *equivalente de caixa*.

2. Bens e direitos realizáveis a curto prazo

Representam bens, direitos e valores que a empresa espera realizar (receber) até o fim do próximo exercício. São valores que se espera converter em dinheiro no próximo ano (no curso do exercício social subseqüente). O realizável a curto prazo abrange:

- **Duplicatas a receber:** são originárias de vendas de mercadorias ou produtos, ou de prestação de serviços a prazo para os clientes da empresa. A duplicata é uma cópia da nota fiscal (fatura), daí o nome duplicata. Trata-se de um título de crédito que representa um direito para a empresa vendedora e uma obrigação para a pessoa ou empresa compradora.
- **Estoques:** numa empresa comercial, o estoque significa o conjunto de mercadorias à disposição da empresa para ser vendido. Numa empresa industrial, o estoque significa a matéria-prima adquirida, estando ela em transformação ou acabada. Para uma empresa de serviços, estoques significa o material de consumo disponível e necessário para o desempenho eficaz de sua atividade. Assim, pode haver contas de estoque de consumo (materiais de escritório, materiais de limpeza), estoque de matérias-primas, estoque de produtos em elaboração e estoque de produtos acabados.
- **Investimentos temporários:** o critério para classificar um investimento como temporário, permanente, de longo prazo ou disponível está ligado à intenção da aplicação, ou seja, é a intenção da empresa que vai determinar o tipo de investimento e a classificação adequada. Os investimentos podem ser em depósitos a

prazo, CDB (certificados de depósito bancário), ações, letras de câmbio, debêntures, títulos do governo. Guarde isso: um investimento com vencimento para, por exemplo, cinco anos, pode estar classificado no ativo circulante — neste caso, a empresa está 'dizendo' para o usuário da informação contábil que pretende vender o título no ano seguinte, que evidentemente irá demonstrar as prováveis perdas (vide provisões) com a antecipação do vencimento.

- **Outros créditos:** são valores a receber ou direitos a serem exercidos, oriundos de aplicações necessárias e não classificáveis nos outros grupos do ativo circulante, mas realizáveis a curto prazo. Este grupo pode conter adiantamentos para empregados, viagens, fornecedores etc.

3. Aplicações de recursos de despesas do exercício seguinte

São as aplicações de recursos em despesas que permitirão à empresa desfrutar de um benefício no exercício seguinte, e que, pelo princípio da confrontação, devem ser apropriadas como despesas efetivas no exercício em que vai haver o benefício, independentemente da época do pagamento. Este grupo abrange as seguintes contas:

- **Despesas antecipadas com aluguéis ou seguros:** representam o valor pago antecipadamente à companhia seguradora ou ao locador para desfrutar do seguro ou do imóvel no próximo exercício.
- **Despesas financeiras com juros pagos antecipadamente:** decorrem, em geral, do valor descontado antecipadamente em financiamentos que corresponde ao custo do capital de terceiros que estará à disposição da empresa e que será apropriado como despesa efetiva, pelo princípio da competência, no próximo exercício.

É muito importante, neste momento, introduzirmos um conceito essencial para o entendimento das peças contábeis, que é o conceito do **ciclo operacional**, uma vez que é ele que influencia a determinação do curto ou do longo prazos em contabilidade.

O ciclo operacional é definido como sendo o tempo decorrido para a empresa realizar uma operação do seu ramo de negócio, operação esta que vai desde o início da produção, passa pela venda do produto — que pode ser à vista ou a prazo (financiamento da venda) — e termina com o recebimento dos recursos financeiros referentes à própria venda.

É por meio dele que se determina a classificação como curto ou longo prazos. Quando ocorrem situações em que a empresa tem um ciclo operacional superior à duração do exercício social (um ano), ela poderá adotar critérios de classificação de curto ou de longo prazos de acordo com o seu ciclo operacional. Exemplo: uma vinícola ara a terra, planta a uva, colhe-a, macera-a, espera o líquido ser fermentado, embala-o, transporta-o, vende-o à vista ou a prazo — se a prazo, espera para receber o produto da venda. Em algumas vinícolas esse ciclo demora cinco, dez anos, e aí o *curto prazo* para essas empresas será o prazo do ciclo operacional — neste exemplo, cinco ou dez anos.

Assim, o critério para classificação de curto (ativo circulante) ou de longo prazos (realizável a longo prazo) é o seguinte:

- **Curto prazo:** até um ano ou o tempo do ciclo operacional, se este for maior que um ano.
- **Longo prazo:** acima de um ano ou acima do ciclo operacional da empresa, se este for maior que um ano.

No caso de o ciclo operacional da empresa ser maior que o exercício social, não esqueça: fica valendo como curto prazo o seu ciclo operacional. Todavia, esse critério deverá ser informado nas notas explicativas por ocasião da apresentação das demonstrações contábeis.

Dentro do ativo circulante encontram-se ainda as seguintes contas retificadoras, contas estas que serão estudadas com mais profundidade no Capítulo 6.

- **Duplicatas descontadas:** registra os valores que foram recebidos antecipadamente mediante desconto bancário (uma espécie de empréstimo). O valor cobrado no ato do desconto referente a juros e encargos irá para a demonstração do resultado do exercício como despesa financeira, segundo o regime de competência dos exercícios.
- **Provisão para devedores duvidosos:** registra as perdas estimadas com créditos de liquidação duvidosa. No fechamento do balanço, deduz-se das duplicatas a receber um montante estimado de perdas com clientes duvidosos. Esse montante é deduzido também da DRE como sendo despesa operacional no subgrupo despesas com vendas. No fechamento do balanço, se a perda ocorrida for maior que a provisão feita, lança-se a diferença a maior em despesa (perda) do ano (período), e se a perda ocorrida for menor que a provisão feita, o excesso de provisão será revertido como receita (ganho) do ano.

5.2.2 Ativo realizável a longo prazo

São classificados neste grupo de contas os bens e direitos que se realizarão ou se converterão em dinheiro após o término do exercício social seguinte ao do balanço que estiver sendo levantado. Por exemplo: se o balanço estiver sendo levantado em 2003, tudo que a empresa espera realizar a partir de janeiro de 2005 será realizável a longo prazo. As características das contas que compõem o RLP (realizável a longo prazo) se assemelham às do AC (ativo circulante) — a diferença é o prazo de realização. Vejamos:

- Direitos realizáveis após o término do exercício social seguinte.
- Obrigatoriamente, independe do momento da realização, se no curso ou após o exercício social seguinte. Diz respeito a todas as contas que envolverem transações *não-operacionais* realizadas com coligadas, controladas, proprietários, sócios, acionistas e diretores.

- Valores referentes e despesas já pagas, mas que serão apropriadas após o término do exercício seguinte à data do balanço (**despesas antecipadas**).

5.2.2.1 Disposição das contas no realizável a longo prazo

    Duplicatas a receber
    Contas a receber
    Títulos a receber
(–) Provisão para devedores duvidosos
    Empréstimos compulsórios
    Aplicações em incentivos fiscais
    Empréstimos a coligadas
    Empréstimos a controladas
    Empréstimos a diretores
    Investimentos temporários
(–) Provisão para perdas
    Despesas antecipadas
        Seguros pagos antecipadamente
        Etc.

Alguns conceitos importantes

Transações não-operacionais são aquelas oriundas dos negócios não usuais na exploração do objeto social de uma empresa. Exemplo: uma indústria que transforma determinada matéria-prima em um produto acabado. A venda desse produto a uma empresa coligada é uma transação operacional; no entanto, quando essa mesma empresa empresta recursos à sua coligada, essa transação é considerada não-operacional, devendo ser classificada obrigatoriamente como realizável a longo prazo, independentemente do prazo do empréstimo. Emprestar recursos não é o objeto social de uma indústria, daí a expressão não-operacional, ou seja, não é uma operação usual da empresa.

São empresas controladas quando a sociedade controladora, de forma direta ou indireta, for titular de direitos acionários que assegurem de modo permanente a preponderância nas deliberações sociais, bem como o poder de eleger a maioria dos administradores.

São coligadas as sociedades quando uma participa com 10% ou mais do capital social da outra, sem controlá-la.

Há uma diferença muito distinta, e que deve ser entendida neste momento, entre propriedade de uma empresa e controle dessa mesma empresa. No Capítulo 4 (item 4.2) explicamos que numa sociedade anônima, as ações podem ser ordinárias e preferenciais. As ordinárias dão direito a voto, ou seja, ao controle da empresa. As ações preferenciais dão direito ao recebimento preferencial de dividendos. No Brasil, atualmente, as ações lançadas pelas S.A. no mínimo devem ser 50% ordinárias e 50% preferenciais. Ora, se uma empresa lançar ações nessa proporção, repare que quem comprar a metade + uma ação das ordinárias terá o controle da empresa com pouco mais de 25% do total das ações lançadas. Em outra situação, podemos adquirir 100% das ações preferenciais lançadas (50%) e teremos 50% da propriedade da empresa e *zero* de controle.

5.2.3 Ativo permanente

O termo ativo permanente está relacionado à inexistência de intenção da empresa de converter em dinheiro alguns dos seus bens e direitos, pelo menos num prazo previsível de tempo, ou seja, tais bens e direitos foram adquiridos sem intenção de comercialização. Para maior clareza de apresentação no balanço patrimonial, o grupo do ativo permanente se divide em três subgrupos, de acordo com a natureza dos ativos nele classificados:

- investimentos;
- imobilizado;
- diferido.

5.2.3.1 Investimentos

São os recursos aplicados em participações permanentes em outras sociedades e em direitos de qualquer natureza que não se destinem à manutenção da atividade da empresa. Objetivam principalmente a produção de **renda/receita**.

5.2.3.1.1 Disposição das contas no subgrupo investimentos

    Participações em coligadas
    Participações em controladas
    Participações em outras empresas
    Participações em fundos de investimentos
        Finor
        Finam
(–) Provisão para perdas
        Obras de arte
        Terrenos e imóveis para utilização futura
        Imóveis não de uso
(–) Depreciação acumulada

5.2.3.2 Imobilizado

É todo ativo de natureza permanente utilizado na operação dos negócios de uma empresa e que não se destina à venda.

Um bem pode ser considerado como ativo permanente imobilizado em uma empresa e não ser considerado em outra, cujas características de negócios sejam diferentes. De maneira geral, o ativo permanente imobilizado pode ser classificado da seguinte forma:

a) Tangíveis (corpóreos)
São aqueles que têm substância concreta. Em outras palavras, possuem massa física. Exemplos:

- **Sujeitos a depreciação:** edifícios, equipamentos, móveis e utensílios, veículos etc.;
- **Não sujeitos a depreciação:** terrenos e obras de arte;
- **Sujeitos a exaustão:** recursos minerais e florestais.

b) Intangíveis (incorpóreos)
São ativos que não possuem substância física (também chamados de abstratos ou subjetivos), mas, claro, podem ser comprovados. Exemplos: fundos de comércio, ponto comercial, direitos autorais, marcas e patentes.

5.2.3.2.1 Disposição das contas no subgrupo imobilizado

Terrenos
Edifícios
Instalações
Máquinas e equipamentos
Móveis e utensílios
Veículos
Ferramentas[1]
Marcas e patentes[2]
Benfeitorias em propriedades de terceiros
Imobilizado em andamento
    Bens de uso na fase de implantação
    Construções em andamento
    Importações em trânsito
    Adiantamento para inversões fixas
    Almoxarifado de inversões fixas
(–) Depreciação ou amortização acumulada[3]

(1) Somente aquelas ferramentas com prazo de vida útil superior a um ano.
(2) São gastos com registro de marca, nome e invenção, bem como gastos com aquisição do direito de utilizar marcas e patentes.
(3) As contas 'marcas e patentes' e 'benfeitorias em propriedades de terceiros' sofrem *amortização*, as demais, *depreciação* (ver Capítulo 6). A amortização das benfeitorias em propriedades de terceiros são contabilizadas proporcionalmente à vida útil estimada da benfeitoria ou ao período do aluguel do bem — dos dois, o menor dos prazos. No caso das marcas e patentes, pelo período que anteceder o início das operações sociais da empresa.

5.2.3.3 Diferido

São as aplicações de recursos (ativos intangíveis) em despesas que contribuirão para a formação do resultado de mais de um exercício social, inclusive os juros pagos ou creditados aos acionistas durante o período que anteceder o início das operações sociais. São aplicações que beneficiam a empresa por um longo período (vários anos). O exemplo mais comum são os gastos pré-operacionais, nos quais a empresa 'investe' recursos antes de começar a operar. Por exemplo, gastos para abrir uma empresa: impostos, honorários advocatícios, treinamento do quadro de empregados, propaganda institucional etc. Por meio desses gastos a empresa terá direito a uma série de benefícios por um longo período.

A expressão 'diferido' significa *adiado*. Mas adiar o quê? Resposta: adiar uma despesa que apenas será reconhecida no futuro. E por que existem despesas que devem ser adiadas? Porque o benefício (receita) gerado por estas despesas ainda não está sendo usufruído pela empresa. Exemplo: vamos imaginar uma indústria automobilística desenvolvendo o protótipo de um veículo. Faltam dois anos para o veículo ser lançado, mas nossa empresa já está gastando com engenheiros, projetistas, energia elétrica, telefone, máquinas etc. Todos estes gastos com o desenvolvimento do projeto ou produto serão ativados — isso mesmo! —, contabilizados no ativo. Quando o carro estiver pronto e começar a ser vendido para as concessionárias é que nossa fábrica de automóveis começará a ter benefícios (receitas) com os gastos efetuados no passado. Neste momento, tais gastos serão amortizados segundo os critérios das leis societárias e fiscais, como *despesas*, e — é claro! — deixarão de ser ativos para diminuir o resultado dos exercícios, já que não diminuíram os resultados de exercícios anteriores — portanto, não havia ainda receitas (benefícios) geradas pelo projeto.

5.2.3.3.1 Disposição das contas no subgrupo diferido

Gastos de implantação e pré-operacionais
    Gastos de organização e administração
    Encargos financeiros líquidos
    Correção monetária
    Estudos, projetos e detalhamentos
    Juros pagos a acionistas na fase de implantação
    Gastos preliminares de operação
(–) Amortização acumulada
Gastos com pesquisa e desenvolvimento de produtos
    Salários e encargos
    Depreciação (despesa)
    Gastos e custos diversos
(–) Amortização acumulada
Gastos com implantação de sistemas e métodos
(–) Amortização acumulada
Gastos de reorganização
(–) Amortização acumulada

5.2.4 Passivo circulante

São todas as contas representativas de obrigações ou exigibilidades da empresa para com terceiros que deverão ser honradas no decorrer do exercício social seguinte ao do balanço patrimonial que estiver sendo levantado ou conforme o ciclo operacional da empresa se este for superior a um ano. O passivo circulante compõe-se basicamente das seguintes contas:

- **Empréstimos bancários:** são os empréstimos realizados em instituições financeiras e que serão pagos dentro de um ano, tomando-se como data base a data do encerramento do balanço.
- **Salários a pagar:** este grupo engloba a folha de pagamento (salários, ordenados) que a empresa deverá pagar normalmente até o quinto dia útil do mês seguinte.
- **Encargos sociais a recolher:** são as despesas decorrentes da folha de pagamento (INSS e FGTS) ainda não pagas. Normalmente a Previdência Social e o FGTS deverão ser pagos (recolhidos) no mês seguinte ao da folha de pagamento incorrida. Da mesma forma que o grupo de salários a pagar, os encargos sociais serão registrados como despesas no mês em que incorreu a folha de pagamento (ver Capítulo 4, item 4.6.1). Porém, serão registrados como uma obrigação a pagar no passivo circulante.
- **Impostos a recolher:** são os impostos nos quais o fato gerador já ocorreu por ocasião da venda do produto ou da prestação do serviço, mas que, no entanto, ainda não foram recolhidos aos cofres públicos. Exemplos: ICMS a recolher, IPI a recolher, Cofins a recolher, PIS a recolher etc.
- **Provisões para férias:** a empresa poderá deduzir como custo ou despesa operacional em cada exercício social a importância destinada a constituir provisão para pagamento de remuneração correspondente às férias de seus empregados.
- **Provisão para gratificação de empregados:** a empresa poderá deduzir como custo ou despesa operacional a provisão formada, por ocasião do balanço, para pagamento de gratificação a empregados, desde que não exceda os limites fixados pela legislação do imposto de renda.
- **Provisão para contingências:** em certas situações, a empresa poderá ter perdas no futuro. No momento existe certo grau de incerteza quanto à efetivação da perda: por exemplo, ações trabalhistas, multas previstas por quebra de contratos, autuações fiscais previstas etc. Esse tipo de provisão é caracterizado pelo fato gerador já ter ocorrido e pela perspectiva quase certa de um desembolso.
- **Adiantamentos de clientes:** as empresas que produzem bens por encomenda ou fornecem serviços recebem usualmente, após o fechamento do contrato com o cliente, um adiantamento por conta do bem ou serviço a ser entregue no futuro.

Esse adiantamento é uma obrigação até que a empresa entregue o produto ou preste o serviço que se comprometeu a fazer, e para isso 'pediu' um adiantamento.
- **Contas a pagar:** são pequenas contas a serem pagas pela empresa, tais como água, luz, gás, honorários etc.
- **Provisão para imposto de renda e contribuição social sobre o lucro:** são estimativas de pagamento constituídas com base no lucro tributável ocorrido e pela alíquota vigente.

5.2.4.1 Disposição das contas no passivo circulante

Fornecedores
Empréstimos e financiamentos
Obrigações fiscais
    ICMS a recolher
    Provisão para imposto de renda
    Imposto de renda a pagar
    Contribuições sociais a recolher
Outras obrigações
    Adiantamentos de clientes
    Contas a pagar
    Salários a pagar
    Juros ou encargos financeiros a pagar
Outras provisões
    Dividendos propostos
    Gratificações a empregados
    13º salário
    Férias
    Riscos fiscais e outros passivos contingentes

5.2.5 Passivo exigível a longo prazo

São todas as contas representativas de obrigações ou exigibilidades de empresas para com terceiros que deverão ser honradas após o término do exercício social seguinte ao do balanço patrimonial que estiver sendo levantado ou após o ciclo operacional da empresa, se este for superior a um ano. O exigível a longo prazo é constituído basicamente de:

- **Financiamentos:** são os empréstimos realizados em instituições financeiras e que serão pagos no longo prazo.

- **Debêntures:** são títulos (negociáveis) a longo prazo emitidos pelas companhias que dão aos seus titulares o direito de crédito contra a empresa. Como vantagens, a companhia poderá assegurar ao titular da debênture juros fixos ou variáveis, variação monetária, participação no lucro, prêmio de reembolso e cláusula de conversibilidade em ações.
- **Provisão para resgate de partes beneficiárias:** conforme a legislação vigente, a empresa pode criar títulos negociáveis, sem valor nominal e estranhos ao capital social, denominados *partes beneficiárias*, dando o direito aos titulares de participar nos lucros anuais da empresa. O resultado das vendas das partes beneficiárias constituirá para a empresa uma reserva de capital.
- **Provisão para imposto de renda diferido:** a legislação permite às empresas o diferimento (postergação, adiamento) para exercícios futuros da parcela do imposto de renda a pagar gerado a partir de lucro ainda não realizado financeiramente. Contabilmente, o IRPJ postergado, dado o regime de competência, deve ser destacado no próprio exercício, mesmo sabendo que deverá ser pago futuramente.

Mudança de exigível a longo prazo para curto prazo

Por ocasião do fechamento do balanço, todas as parcelas contidas no exigível a longo prazo que serão liquidadas no próximo exercício deverão ser classificadas no passivo circulante, procedendo-se à baixa no exigível a longo prazo.

5.2.5.1 Disposição das contas do exigível a longo prazo

Empréstimos e financiamento
Debêntures
Retenções contratuais
Provisão para imposto de renda diferido
Provisão para resgate de partes beneficiárias
Provisão para riscos fiscais e outros passivos contingentes

5.2.6 Resultado de exercícios futuros

"Serão classificadas como resultado de exercícios futuros as receitas de exercícios futuros diminuídas dos custos e despesas a eles correspondentes."[1] Na verdade, trata-se de receitas já recebidas que serão apropriadas como receita efetiva nos próximos anos, deduzidas dos custos ou despesas correspondentes. Só serão classificados como resultado de exercícios futuros os valores recebidos, para os quais não haja qualquer tipo de

---

1 Lei n. 6.404/76.

obrigação de devolução por parte da empresa. Se houver obrigação de devolução, as receitas futuras e as despesas/custos a elas correspondentes deverão ser classificadas como um passivo exigível. Exemplo de apresentação no balanço patrimonial:

Aluguéis recebidos antecipadamente
(–)Despesas com aluguéis recebidos antecipadamente

5.2.7 Patrimônio líquido

Classificam-se neste grupo as origens de recursos pertencentes aos acionistas, sócios ou proprietários da empresa. São as chamadas obrigações não exigíveis. Essas obrigações são representadas pela diferença entre o valor dos ativos e o dos passivos, bem como os resultados de exercícios futuros. De acordo com a Lei das S.A., o PL é dividido em:

      Capital social subscrito
(–) Capital a integralizar ou a realizar
= Capital realizado ou integralizado
      Reservas de capital
           Reserva de ágio na emissão de ações
           Reserva de doação e subvenção
Reserva de reavaliação
Reservas de lucros
           Reserva legal
           Reserva estatutária
           Reserva orçamentária
           Reserva para contingência
           Reserva de lucros a realizar
Lucros ou prejuízos acumulados

5.2.7.1 Capital social

São todos os investimentos efetuados na empresa pelos acionistas ou proprietários. Tais investimentos não se referem apenas às integralizações de capitais efetuadas, mas também à parte de lucro e outras reservas não distribuídas e incorporadas ao capital social, que pode ser:

5.2.7.1.1 Capital social subscrito

É o valor do capital social representado por ações que foram subscritas (assinadas em livro próprio) pelos acionistas.

5.2.7.1.2 Capital social integralizado ou realizado

É a parcela do valor do capital social já recebida pela empresa e relativa às ações subscritas.

5.2.7.1.3 Capital social a integralizar ou a realizar

É a parcela das ações subscritas não recebida pela empresa. O valor será 'realizado' (entregue à empresa) em data posterior à assinatura (subscrição) no livro de ações.

5.2.7.1.4 Capital autorizado

É a parcela do valor do capital social sem que haja reforma ou mudança naquele estatuto. O valor do capital autorizado deve constar em notas explicativas e ser atualizado anualmente.

5.2.7.2 Reserva de capital

Representam acréscimos do patrimônio líquido, cujos valores não foram oriundos das atividades operacionais da empresa. Representam valores que não transitaram pela conta de resultados da empresa nem são provenientes de reavaliação de ativos.

5.2.7.2.1 Reserva de ágio na emissão de ações

"A contribuição do subscritor de ações que ultrapassar o valor nominal e a parte do preço de emissão das ações sem valor nominal que ultrapassar a importância destinada à formação do capital social (...) serão consideradas como reserva de ágio na emissão de ações."[2]

5.2.7.2.2 Reserva de doação de bens

Representa o recebimento de ativos sem ônus para empresa. O valor da doação deve ser contabilizado a crédito de reservas de capital, sendo debitado da conta apropriada do ativo. No lucro real, somente as doações feitas pelo poder público poderão ser excluídas da tributação, desde que registradas como reservas de capital.

5.2.7.2.3 Destinação das reservas de capital

a) Absorver prejuízos
   Os prejuízos são absorvidos pelos lucros acumulados e pelas reservas de lucros — nessa ordem. Se ainda assim houver saldo na conta prejuízos acumulados, poderemos usar as reservas de capital.

b) Aumentar o capital social
   O aumento de capital social via reservas de capital ou altera o valor nominal das ações ou provoca o lançamento de novas ações.

---

2 Lei n. 6.404/76.

5.2.7.3 Reserva de reavaliação

a) "Serão classificadas como reservas de reavaliação as contrapartidas de aumento de valor atribuídas a elementos do ativo em virtude de novas avaliações com base em laudo nos termos do art. 8º aprovado pela assembléia geral (§ 3º, art. 182, e letra *c* do art.176 da Lei n. 6.404/76)."
b) Deliberação CVM nº 27 de 5/2/1986 — Restringe a reavaliação basicamente a itens do imobilizado.
c) Regulamento do imposto de renda — Admite a reavaliação dos ativos permanentes, exceção para os investimentos avaliados pela equivalência patrimonial.

5.2.7.3.1 Procedimentos para reavaliação

Deverão ser nomeados em assembléia três peritos, ou empresa especializada, para emissão de um laudo de avaliação. O laudo deverá conter:

- descrição do bem;
- identificação contábil;
- critérios utilizados na avaliação;
- vida útil remanescente do bem;
- data da avaliação.

Exemplo de reavaliação de ativos sujeitos a depreciação, amortização e exaustão: Considere os seguintes dados:

a) Data da avaliação.. 31/12/20X0
b) Bem reavaliado: imóveis de uso............................ R$ 250.000,00
    Custo de aquisição.....................R$ 100.000,00
    + Benfeitorias..............................R$ 150.000,00
    = Valor registrado no permanente........... R$ 250.000,00
c) Depreciação acumulada contabilizada................. R$ 70.000,00
d) Laudo de avaliação do imóvel............................... R$ 300.000,00
e) Vida útil remanescente de bem............................. 20 anos

A) Determinação do valor a ser contabilizado em reservas de reavaliação — 31.12.20X0
    Valor do ativo reavaliado................................ R$ 300.000,00
    (–) Valor contábil antes da reavaliação........... R$ (180.000,00)
        Custo histórico.........................R$ 250.000,00
        (–) Depreciação acumulada..........(R$ 70.000,00)
    = Reserva de reavaliação................................... R$ 120.000,00

B) Eliminando a conta depreciação acumulada

D — Depreciação acumulada... R$ 70.000,00
C — Imóveis de uso.. R$ 70.000,00

C) Inscrição do aumento em reservas de reavaliação

D — Imóveis de uso .... R$ 120.000,00
C — Reservas de reavaliação... R$ 120.000,00

5.2.7.4 Reservas de lucros

"Serão classificadas como reservas de lucros as contas constituídas pela apropriação de lucros da companhia (§ 4º, art. 182 da Lei n. 6.404/76)." Podem ser constituídas por:

- disposição da lei;
- disposição do estatuto;
- proposta dos órgãos da administração.

5.2.7.4.1 Reserva legal

"Do lucro líquido do exercício, 5% serão aplicados, antes de qualquer outra destinação, na constituição da reserva legal, que não excederá 20% do capital social (art. 193 da Lei n. 6.404/76)."

5.2.7.4.2 Reserva estatutária

A Lei n. 6.404/76 permite que o estatuto da companhia estabeleça a criação de reservas, constituídas como parte dos lucros, desde que:

- indique de modo preciso e completo sua finalidade;
- fixe critérios para determinar a parcela anual nos lucros líquidos que serão destinados à sua constituição;
- estabeleça o limite máximo da reserva.

Em nenhuma hipótese as reservas estatutárias podem restringir o pagamento do dividendo obrigatório.

5.2.7.4.3 Reserva para contingência

Deve ser constituída em função da perspectiva da diminuição futura do lucro, ou seja, vincula-se um fato contábil que ainda irá ocorrer, não devendo, portanto, ser confundida com a constituição da provisão para contingência, uma vez que tal provisão refere-se a um fato gerador ocorrido. Quando utilizada a reserva, deve-se esclarecer que os efeitos do fato julgado provável serão considerados, se ocorrerem, em resultado futuro. A reserva será revertida no exercício em que deixarem de existir as razões que justificaram a sua constituição ou em que ocorrer a perda.

5.2.7.4.4 Reserva orçamentária

O art. 196 da Lei n. 6.404/76 prevê retenção de parcela do lucro líquido do exercício por proposta de órgãos da administração e aprovação da assembléia geral, a fim de atender ao orçamento de capital, também aprovado previamente pela assembléia geral. Tal reserva só poderá ser efetuada sem prejuízo da distribuição do dividendo obrigatório.

5.2.7.4.5 Reserva de lucros a realizar

A Lei n. 6.404/76, por meio do art. 197, permite a criação da reserva de lucros a realizar se o total desses lucros for superior ao somatório dos valores destinados à constituição das seguintes reservas: legal, estatutária, orçamentária e para contingências.

São lucros a realizar:

- saldo credor do resultado de equivalência patrimonial;
- o lucro em vendas a prazo realizável após o término do exercício seguinte.

Os lucros a realizar são considerados 'receitas' que dependem de realização futura. Assim, não é justo que aqueles valores sejam considerados para fins de cálculo do dividendo obrigatório.

5.2.7.4.6 Limites das reservas de lucros

O art. 199 da Lei n. 6.404/76 fixa os limites para a constituição das reservas de lucros. A soma dos saldos de reserva legal, reserva estatutária, reservas orçamentárias e lucros acumulados não poderá ultrapassar o capital social. Se tal fato ocorrer, a assembléia geral deverá deliberar sobre a aplicação do excesso:

- na integralização;
- no aumento de capital;
- na distribuição de dividendos.

Sobre o valor do excesso haverá a incidência de imposto de renda na fonte à alíquota de 25%.

5.2.7.5 Lucros ou prejuízos acumulados

Essa conta representa o saldo remanescente dos lucros ou prejuízos líquidos das apropriações para reservas de lucros e dos dividendos distribuídos. Representa a interligação entre o balanço patrimonial e a demonstração do resultado do exercício. O entendimento da CVM é que, no caso de o estatuto estipular dividendo mínimo obrigatório, a totalidade do lucro líquido do exercício deverá ter a sua destinação definida, não cabendo quaisquer retenções indiscriminadas na conta lucros acumulados. As destinações normais do lucro líquido do exercício são:

- para as reservas de lucros;
- para pagamento de dividendos;
- para retenção de lucros.

Nessas condições, a existência de saldo final em lucros acumulados só se justifica quando decorrente:

- de saldo anterior à vigência da Lei n. 6.404/76;
- de frações de centavos não computados na declaração do dividendo por ação.

5.2.7.6 Ações em tesouraria

As companhias podem adquirir ações de sua própria emissão, entretanto, tal fato não representa um investimento, mas uma espécie de retorno do capital investido. A conta ações em tesouraria é uma conta subtrativa do patrimônio líquido, portanto, é retificadora do PL.

Diz a Lei das Sociedades por Ações em seu art. 30:

"A companhia não poderá negociar com as próprias ações.

§ 1º Nessa proibição não se compreendem:

a) as operações de resgate, reembolso ou amortização previstas em lei;

b) a aquisição, para permanência em tesouraria ou cancelamento, desde que até o valor do saldo de lucros ou reservas, exceto a legal, e sem diminuição do capital social, ou por doação;

c) a alienação das ações adquiridas nos termos da alínea 'b' e mantidas em tesouraria;

d) a compra quando, resolvida a redução do capital mediante restituição em dinheiro de parte do valor das ações, o preço destas em bolsa for inferior ou igual à importância que deve ser restituída.

§ 2º A aquisição das próprias ações pela companhia aberta obedecerá, sob pena de nulidade, às normas expedidas pela Comissão de Valores Mobiliários, que poderá subordiná-la à prévia autorização em cada caso.

§ 3º A companhia não poderá receber em garantia as próprias ações, salvo para assegurar a gestão dos seus administradores.

§ 4º As ações adquiridas nos termos da alínea 'b' do § 1º, enquanto mantidas em tesouraria, não terão direito a dividendo nem a voto.

§ 5º No caso da alínea 'd' do §1º, as ações adquiridas serão retiradas definitivamente de circulação".

5.2.8 Estrutura do balanço patrimonial

ATIVO			PASSIVO + PATRIMÔNIO LÍQUIDO		
CIRCULANTE		XXXXX	CIRCULANTE		XXXXX
DISPONIBILIDADES	XXXX		EMPRÉSTIMOS	XXXX	
Caixa	XXX		FORNECEDORES	XXXX	
Bancos	XXX		OBRIGAÇÕES FISCAIS	XXXX	
Aplicação financeira de liquidez imediata	XXX		Impostos a recolher	XXX	
DUPLICATAS A RECEBER	XXXX		PIR	XXX	
(–)PDD	(XXX)		CSSL a recolher	XXX	
(–) DUPLICATAS DESCONTADAS	(XXX)		Imposto de renda a pagar	XXX	
OUTROS CRÉDITOS	XXXX		OUTRAS OBRIGAÇÕES	XXXX	
Adiantamentos para viagens	XXX		Adiantamentos de clientes	XXX	
Antecipação de salários	XXX		Contas a pagar	XXX	
Antecipação de 13º	XXX		Salários a pagar	XXX	
Antecipação de férias	XXX		Juros a pagar	XXX	
Impostos a recuperar	XXX		OUTRAS PROVISÕES	XXXX	
INVESTIMENTOS TEMPORÁRIOS	XXXX		Dividendos propostos	XXX	
(–)PROVISÃO PARA PERDAS	(XXX)		Provisão para gratificação de empregado	XXX	
ADIANTAMENTOS A FORNECEDORES					
ESTOQUES	XXXX		Provisão para 13º salário	XXX	
DESPESAS ANTECIPADAS	XXXX		Provisão para férias	XXX	
Aluguéis pagos antecipadamente	XXX		Provisão para garantia de produtos	XXX	
Seguros pagos antecipadamente	XXX		Provisão para riscos fiscais	XXX	
Encargos financeiros a apropriar	XXX		EXIGÍVEL A LONGO PRAZO		XXXXX
REALIZÁVEL A LONGO PRAZO		XXXXX	FINANCIAMENTOS	XXXX	
DUPLICATAS A RECEBER	XXXX		DEBÊNTURES A PAGAR	XXXX	
CONTAS A RECEBER	XXXX		PROVISÃO IR DIFERIDO	XXXX	
TÍTULOS A RECEBER	XXXX		PROVISÃO PARTES PARA BENEFICIÁRIAS	XXXX	
(–)PDD	XXXX		PROVISÃO PARA RISCOS FISCAIS	XXXX	
EMPRÉSTIMOS COMPULSÓRIOS	XXXX		RESULTADO EXERCÍCIO FUTURO		XXXXX
INCENTIVOS FISCAIS	XXXX		Aluguéis recebidos antecipadamente	XXXX	
EMPRÉSTIMOS A COLIGADAS	XXXX		(–)Despesas com aluguéis recebidos antecipadamente	(XXX)	

ATIVO			PASSIVO + PATRIMÔNIO LÍQUIDO		
EMPRÉSTIMOS A CONTROLADAS		XXXX	PATRIMÔNIO LÍQUIDO		XXXXX
EMPRÉSTIMOS A DIRETORES		XXXX	CAPITAL SOCIAL SUBSCRITO	XXXX	
INVESTIMENTOS TEMPORÁRIOS		XXXX	(–)CAPITAL A REALIZAR	(XXX)	
(–)PROVISÃO PARA PERDAS		(XXX)	= CAPITAL REALIZADO	XXXX	
DESPESAS ANTECIPADAS		XXX			
PERMANENTE		XXXXX	RESERVAS DE CAPITAL		XXXX
INVESTIMENTOS		XXXX	Reserva de ágio	XXX	
Participações em coligadas	XXX		Reserva de doação	XXX	
Participações em controladas	XXX				
Participações em fundos de investimentos	XXX		RESERVAS DE LUCRO		XXX
(–)Provisão para perdas	(XX)		Reserva legal	XXX	
Obras de arte	XXX		Reserva estatutária	XXX	
Terrenos não de uso	XXX		Reserva para contingência	XXX	
Edificações não de uso	XXX		Reserva orçamentária	XXX	
(–)Depreciação acumulada (edifícios)	(XX)		Reserva de lucros a realizar	XXX	
IMOBILIZADO		XXXX	(–)AÇÕES EM TESOURARIA		(XXX)
Terrenos em uso	XXX				
Edifícios	XXX				
Instalações	XXX				
Máquinas	XXX				
Equipamentos	XXX				
Móveis e utensílios	XXX				
Veículos	XXX				
Marcas e patentes	XXX				
Imobilizado em andamento	XXX				
(–)Depreciação acumulada	(XX)				
DIFERIDO		XXXX			
Gastos pré-operacionais	XXX				
Gastos com pesquisas	XXX				
Gastos com desenvolvimento de projetos	XXX				
Gastos com implantação	XXX				
(–)Amortização acumulada	(XX)				
TOTAL DO ATIVO		XXXXX	TOTAL DO PASSIVO + PL		XXXXX

5.3 DLPA — demonstração de lucros ou prejuízos acumulados

Já vimos que o lucro líquido do exercício pertence aos proprietários da empresa e são estes que decidem (se S.A., é o estatuto que decide) a parte do lucro a ser distribuída (dividendos) e a parte a ser retida, por força do estatuto, do orçamento, da lei etc., como lucros acumulados. A DLPA é um relatório que funciona como um instrumento de integração entre o balanço patrimonial e a demonstração do resultado do exercício, pois evidencia tanto o destino do lucro líquido para os proprietários, na forma de distribuição de dividendos, como o reinvestimento na própria empresa na forma de retenção de lucros.

O art. 186 da Lei das S.A. estabelece:
"A demonstração de lucros ou prejuízos acumulados discriminará:

I — o saldo do início do período, os ajustes de exercícios anteriores;

II — as reversões de reservas e o lucro líquido do exercício;

III — as transferências para reservas, os dividendos, a parcela dos lucros incorporadas ao capital e o saldo ao fim do período.

§ 1º Como ajustes de exercícios anteriores serão considerados apenas os decorrentes de efeitos da mudança de critério contábil ou da retificação de erro imputável a determinado exercício anterior e que não possam ser atribuídos a fatos subseqüentes.

§ 2º A demonstração de lucros ou prejuízos acumulados deverá indicar o montante do dividendo por ação do capital social e poderá ser incluída na demonstração das mutações do patrimônio líquido e elaborada e publicada pela companhia".

DEMONSTRAÇÃO DE LUCROS OU PREJUÍZOS ACUMULADOS R$
Período 31.12.20X0 a 31.12.20X1
1. **Saldo em** 31.12.20X0
2. (+/−) **Ajustes de exercícios anteriores**
   Efeitos na mudança de critérios contábeis (nota x)
   Retificação de erro de exercícios anteriores (nota y)
3. = **Saldo ajustado**
4. (+)**Reversão de reservas**
   De contingências
   De lucros a realizar
   —
5. (+/−) **Lucro líquido ou prejuízo do período**
6. (−)**Destinação do lucro**
   Reserva legal
   Reserva estatutária
   Reserva para contingência
   Reserva de lucros a realizar
   Lucros retidos
   Dividendos obrigatórios
7. **Saldo final**
8. **Dividendo por ação do capital social**

5.4 DMPL — demonstração das mutações do patrimônio líquido

Esta demonstração não é obrigatória pela Lei das S.A., mas sua publicação é exigida pela CVM (comissão de valores mobiliários) para as companhias abertas. Trata-se de uma demonstração muito útil, pois fornece a movimentação ocorrida, ao longo do exercício, nas diversas contas do patrimônio líquido. A DMPL mostra de forma clara o fluxo de uma conta do PL para outra, indicando ainda a origem, o acréscimo ou a diminuição do PL durante o exercício. Repare que a demonstração dos lucros ou prejuízos acumulados fornece a movimentação somente da conta lucros/prejuízos acumulados; a DMPL demonstra a movimentação de *todo* o PL, não apenas de uma das suas contas. Todo acréscimo e diminuição do patrimônio líquido são destacados por meio da DMPL, inclusive a formação e a utilização de todas as reservas, mesmo aquelas não oriundas do lucro da empresa. A DMPL é importante para a elaboração de outra demonstração, que veremos mais adiante: a DOAR (demonstração das origens e aplicações de recursos), isso porque algumas mutações do PL indicam origens ou aplicações a serem consideradas na DOAR.

A DMPL é o relatório da contabilidade destinado a evidenciar, num determinado período, a movimentação das contas que integram o patrimônio líquido das empresas e deve discriminar:

- os saldos no início do período;
- os ajustes de exercícios anteriores;
- as reversões e transferências de reservas e lucros;
- os aumentos de capital discriminando sua natureza;
- a redução de capital;
- a destinação do lucro líquido do período;
- as reavaliações de ativos e sua realização líquida dos efeitos dos impostos;
- o resultado líquido do exercício;
- as compensações de prejuízo;
- os lucros distribuídos;
- os saldos no fim do período.

A técnica utilizada para estruturar a DMPL é muito simples:

- indica-se uma coluna para cada conta do patrimônio líquido;
- nas linhas horizontais são indicadas as movimentações das contas conforme a discriminação acima proposta.

5.4.1 Estrutura da DMPL

DANICAR S.A.
DEMONSTRAÇÃO DAS MUTAÇÕES DO PATRIMÔNIO LÍQUIDO DO EXERCÍCIO FINDO EM 31.12.20X1
Em milhares de Reais

	Capital realizado (R$)	Reservas de capital (R$)	Reservas de lucros (R$)	Lucros acumulados (R$)	Total (R$)
Saldo em 31.12.20X0	26.800,00	26.504,40	13.298,00	8.770,80	75.373,20
Ajustes de exercícios anteriores					
Mudanças de critérios contábeis				(1.120,00)	(1.120,00)
Retificação de erros de exercícios anteriores				(400,00)	(400,00)
Aumentos de capital					
Com lucros e reservas	18.000,00	(13.368,00)	(1.432,00)	(3.200,00)	–
Por subscrição realizada	8.000,00	800,00			8.800,00
Reversão de reservas					
De contingências			(520,00)	520,00	–
De lucros a realizar			(480,00)	480,00	–
Lucro líquido do exercício				7.875,60	7.875,60
Proposta da administração de destinação do lucro					
Transferência para reservas					
Reserva legal			393,60	(393,60)	–
Reserva estatutária			962,00	(962,00)	–
Reserva orçamentária			2.400,00	(2.400,00)	–
Reserva de lucros a realizar			1.230,80	(1.230,80)	–
Dividendos a distribuir (0,02 por ação)				(3.168,00)	(3.168,00)
Saldo em 31.12.20X1	52.800,00	13.936,40	15.852,40	4.772,00	87.360,80

Este é um exemplo sumarizado de DMPL. Na verdade, há tantas colunas quantas sejam as reservas de capital e as reservas de lucros contabilizadas na empresa. Repare que a coluna de lucros acumulados é a própria demonstração de lucros ou prejuízos acumulados.

5.5 Demonstração das origens e aplicações de recursos

Já vimos, e não custa repetir, que os investidores, os administradores, os governos, os fornecedores, os banqueiros, os sócios, os proprietários, enfim, os responsáveis por quaisquer entidades com ou sem finalidade econômica precisam tomar decisões. Sendo assim, a eles interessa, e muito, os relatórios produzidos pela contabilidade. Tais relatórios servem para **expor**, para **demonstrar** em dado período de tempo a situação econômica, a situação financeira, a situação do confronto entre receitas e despesas e entre entradas e saídas de caixa. Interessa ainda aos usuários da informação contábil saber a situação patrimonial como um todo e a forma como a entidade vem originando e aplicando seus recursos. Os usuários querem saber como a situação financeira da entidade está sendo afetada. Surgem questões do tipo: Teremos recursos para honrar nossas obrigações de curto prazo? Com que 'folga financeira' poderemos trabalhar? Qual é a política de investimentos permanentes da empresa e de onde estão vindo esses recursos? A curto ou a longo prazo?

Essas e outras questões são respondidas por um relatório da contabilidade chamado **demonstração das origens e aplicações de recursos** ou **demonstração do fluxo de fundos**, ou ainda **demonstração de fontes e usos de capital de giro líquido**.

Trata-se de uma forma de expor para o usuário da informação contábil a **variação** entre um período e outro daquilo que em contabilidade chamamos de CCL (capital circulante líquido), que nada mais é que o resultado entre o somatório dos bens e direitos que a empresa espera realizar (transformar em dinheiro) no curto prazo, menos o somatório das exigibilidades que a empresa espera honrar (pagar) também no curto prazo. É um relatório que segmenta as transações que provocaram a diferença entre o CCL do ano anterior e o CCL do ano atual. Essa demonstração é a já mencionada DOAR, que nos aponta quais foram as operações que aumentaram ou reduziram de um para outro ano o CCL da empresa.

5.5.1 A importância da DOAR

A grande utilidade da demonstração das origens e aplicações de recursos é a avaliação da liquidez financeira a curto prazo da empresa. A DOAR permite identificar as causas que determinaram as modificações na posição financeira a curto prazo da empresa, facilitando a compreensão de 'como' e de 'por que' a posição financeira se modificou de um para outro exercício.

No Brasil, a DOAR foi instituída pela Lei n. 6.404/76, cujo art. 176 determina que toda S.A. de capital aberto (empresas que possuem ações nos pregões das Bolsas de Valores) seja obrigada a elaborar essa demonstração. As sociedades anônimas de capital fechado (sem ações nos pregões das bolsas de valores) com patrimônio líquido, na data do balanço, superior a R$ 1 milhão, também estão obrigadas a elaborar a DOAR. As demais empresas não estão obrigadas a elaborar a DOAR, mas nada impede que possam elaborá-la.

O art. 188 da citada lei estabelece:

"A demonstração das origens e aplicações de recursos indicará as modificações na posição financeira da companhia, discriminando:

I — as origens de recursos, agrupadas em:

a) lucro do exercício, acrescido de depreciação, amortização ou exaustão e ajustado pela variação nos resultados de exercícios futuros;

b) realização do capital social e contribuição para reservas de capital;

c) recursos de terceiros, originários do aumento do passivo exigível a longo prazo, da redução do ativo realizável a longo prazo, da alienação de investimentos e direitos do ativo imobilizado.

II — as aplicações de recursos, agrupadas em:

a) dividendos distribuídos;

b) aquisição de direitos do ativo imobilizado;

c) aumento do ativo realizável a longo prazo, dos investimentos e do ativo diferido;

d) redução do passivo exigível a longo prazo.

III — o excesso ou insuficiência das origens de recursos em relação às aplicações, representando aumento ou redução do capital circulante líquido.

IV — os saldos no início e no fim do exercício, do ativo e do passivo circulante, o montante do capital circulante líquido e o seu aumento ou redução durante o exercício".

A CVM (comissão de valores mobiliários) manteve a forma da Lei n. 6.404/76. Todavia, por meio do parecer de orientação nº 15, no item 7, procurou melhorar a qualidade da informação prestada pela DOAR. Vejamos:

"1. Origens dos recursos:

1.1 Recursos provenientes das operações da companhia. São representados pelo resultado líquido do exercício, ajustado pelos valores que não afetam o capital circulante líquido (quotas de depreciação, amortização e exaustão, computadas no resultado do exercício, resultado de equivalência patrimonial etc.), e pela variação do resultado de exercícios futuros. Se após os ajustes o resultado for positivo, constitui os recursos financeiros gerados pelas operações da companhia. Caso seja negativo, compreende-se que as operações da companhia absorveram recursos devido à insuficiência das receitas obtidas para a cobertura dos custos incorridos. Neste caso, o déficit financeiro das operações será demonstrado como item das aplicações de recursos.

1.2 Recursos de acionistas. São os recursos aportados à companhia pelos seus acionistas ou em seu benefício, que não decorreram das operações da companhia. São representados pelas contribuições para aumento de capital e contribuições para reservas de capital.

1.3 Recursos provenientes da realização de ativos de longo prazo e permanente. São recursos derivados de recebimentos, alienações, baixas ou transferências para o ativo circulante de itens classificados nos ativos realizáveis a longo prazo e permanente.

1.4 Recursos provenientes de capitais de terceiros a longo prazo. São os obtidos pela empresa mediante empréstimos, financiamentos e outras obrigações, provocando aumento nas exigibilidades a longo prazo.

2. Aplicações de recursos:

1.5 Recursos aplicados nas operações. Representando que o resultado líquido do exercício, após os ajustes referidos no item 1.1, apresenta uma situação negativa, indicando que as receitas foram insuficientes para a cobertura das despesas incorridas.

1.6 Recursos aplicados no pagamento ou remuneração de acionistas. São os recursos que registram as parcelas destinadas ao pagamento de dividendos, devolução de capital etc., constituindo redução do patrimônio líquido da companhia.

1.7 Recursos aplicados na aquisição (ou aumento) dos ativos de longo prazo e permanente. São os recursos que registram os valores decorrentes de créditos concedidos pela companhia a longo prazo, aquisições de bens, investimentos e imobilizações, aplicações em ativo diferido etc.

1.8 Recursos aplicados na redução de obrigação a longo prazo. São os recursos que representam as diminuições do passivo exigível a longo prazo, em decorrência de transferências para o passivo circulante ou de pagamentos antecipados de dívidas.

3. Variação do capital circulante líquido

É a apuração da diferença entre os totais das origens e das aplicações dos recursos.

4. Demonstração da variação do capital circulante líquido

Demonstra o aumento ou a redução do capital circulante líquido mediante indicação dos saldos iniciais e finais, do ativo e do passivo circulante, e suas respectivas variações líquidas no período".

5.5.2 Finalidade da DOAR

Fundamentalmente, a DOAR nos indica a variação do capital circulante líquido — isto é, a diferença entre o ativo circulante e o passivo circulante —, ocorrida de um período para outro, facilitando a compreensão, como já dissemos, de 'como' e de 'por que' a posição financeira se modificou de um para outro exercício.

De *forma específica*, a DOAR auxilia o usuário da informação contábil nos seguintes aspectos:

- Conhecimento da política de inversões permanentes da empresa e as fontes dos recursos correspondentes;
- Constatação dos recursos gerados pelas operações próprias, ou seja, o lucro do exercício ajustado pelos itens que o integram mas não afetam o capital circulante líquido;
- Verificação de como foram aplicados os recursos obtidos com os novos empréstimos de longo prazo;
- Constatação 'se' e 'de como' a empresa está mantendo, reduzindo ou aumentando o seu capital circulante líquido;
- Verificação da compatibilidade entre dividendos e a posição financeira da empresa.

De forma geral, a DOAR tem por objetivo apresentar de maneira sumarizada e ordenada as informações relativas às operações de financiamento e investimento durante o exercício e evidenciar as alterações na posição financeira da empresa.

O capital circulante líquido representa a folga financeira que a empresa possui para honrar seus compromissos de curto prazo, e a DOAR nos esclarece quais foram as transações responsáveis pelos aumentos ou reduções do CCL. A DOAR nos revela as transações que envolveram contas circulantes com contas não circulantes. Vejamos como isso funciona:

5.5.3 Contas circulantes *versus* contas não circulantes

Contas circulantes são aquelas que compõem o ativo circulante (AC) e o passivo circulante (PC). Contas não circulantes são aquelas que integram os seguintes grupos: realizável a longo prazo (RLP), ativo permanente (AP), exigível a longo prazo (ELP), resultados de exercícios futuros (REF) e patrimônio líquido (PL). Na igualdade do balanço patrimonial temos:

$$AC + RLP + AP = PC + ELP + REF + PL$$

Equação 5.1

Se passarmos o PC para o primeiro membro da equação e o RLP e o AP para o segundo membro, teremos:

$$AC - PC = (ELP + REF + PL) - (RLP + AP)$$
Equação 5.2

$$CCL = AC - PC$$
Equação 5.3

Repare que a Equação 5.2 agrupa no primeiro membro as contas circulantes, e no segundo, as contas não circulantes. Repare também: ao resultado (Equação 5.3) entre o AC e o PC (contas circulantes) dá-se o nome de capital circulante líquido, que pode ser positivo, nulo ou negativo. Podemos agora imaginar algumas transações que afetam o CCL para mais ou para menos, bem como aquelas operações que não causam nenhum efeito no total do CCL. Ora, se a DOAR nos aponta as variações no CCL, podemos inferir que transações que envolvem contas circulantes com outras contas circulantes (o primeiro membro da Equação 5.2) não indicarão variação nenhuma no CCL.

Exemplo:
Imagine uma empresa que apresente o seguinte balanço resumido:

AC	19.000,00	PC	13.000,00
RLP	1.000,00	ELP	9.000,00
AP	10.000,00	PL	8.000,00
TOTAL	30.000,00		30.000,00

Na data seguinte ao balanço, a empresa adquire dez mil unidades monetárias de mercadorias a prazo, para vencimento em 30 dias. Veja como ficaria o CCL da empresa após a transação:

Antes da aquisição, o CCL assumiria o seguinte valor:

AC = R$ 19.000,00
PC = R$ 13.000,00

Capital circulante líquido = AC − PC ou R$ 19.000,00 − R$ 13.000,00 = R$ 6.000,00

Ou seja, se todas dívidas vencessem no mesmo momento e se todos os bens e direitos fossem imediatamente transformados em dinheiro, ainda sobrariam seis mil unidades monetárias. A essa 'sobra' dá-se o nome de **capital de giro líquido** ou **capital**

circulante líquido, e é essa variação, de um para outro ano, que a DOAR demonstra ou expõe para vários usuários interessados.

Bem, seguindo nosso exemplo, após o balanço, a empresa adquire mercadorias a prazo e aí teremos um aumento no AC de dez mil unidades monetárias, que vai para 29 mil unidades monetárias; e um conseqüente aumento no PC, que vai de 13 mil unidades monetárias para 23 mil unidades monetárias. Mas o que acontece com o CCL? Nada! Pois 29 mil menos 23 mil continua dando seis mil unidades monetárias, portanto, não há nenhuma variação no CCL. Repare que a transação envolveu somente contas circulantes. Quando isso acontecer (contas circulantes *versus* contas circulantes), o CCL nunca será alterado. Mas se houver transações que envolvam contas circulantes com contas não circulantes, o CCL sempre será alterado. Vamos ver:

Imagine se, após o balanço acima demonstrado, nossa empresa resolvesse adquirir uma máquina à vista no valor de 15 mil unidades monetárias em vez de comprar as mercadorias para revenda, e que tal máquina fosse imediatamente utilizada para aumentar a produção da nossa empresa. Como ficaria o CCL?

O AC seria diminuído em 15 mil, indo para quatro mil unidades monetárias apenas. Com o PC nada acontece, logo, há uma diminuição no CCL de 15 mil unidades monetárias. Quando o CCL é diminuído, diz-se que houve uma 'aplicação de recursos' (aqui você deve entender que recursos foram retirados do capital de giro ou do capital circulante da empresa e foram 'aplicados' em contas 'permanentes' ou contas não circulantes). Vejamos como ficaria o balanço após a aquisição da máquina:

AC	4.000	PC	13.000
RLP	1.000	ELP	9.000
AP	25.000	PL	8.000
TOTAL	30.000		30.000

CCL antes da aquisição da máquina: 19.000 − 13.000 = 6.000
CCL após aquisição da máquina: 4.000 − 13.000 = −9.000

Raciocine da seguinte forma: toda vez que houver movimentações entre contas circulantes cuja correspondência seja contas não circulantes, haverá com certeza uma *aplicação* ou uma *origem* de recursos — em outras palavras, um aumento ou uma diminuição no CCL da empresa. No caso, o CCL diminuiu, entre uma transação e outra, de seis mil para menos nove mil, ou seja, uma redução de 15 mil unidades monetárias, ocorrendo, portanto, uma aplicação de recursos.

A partir da demonstração da Equação 5.2, e desde que a contrapartida seja contas circulantes, podemos facilmente concluir que:

a) O CCL aumenta com:
  - os acréscimos do ELP, dos REF e do PL;
  - os decréscimos do RLP e do AP.
b) O CCL diminui com:
  - os decréscimos do ELP, dos REF e do PL;
  - os acréscimos do RLP e do AP.

Observe que quando uma empresa toma recursos de longo prazo (acréscimo de ELP), estes vão para a conta bancária da empresa. Há um aumento no CCL, pois o AC aumenta e o PC permanece o mesmo. Daí dizer-se que a empresa originou recursos. Já quando a empresa compra um equipamento pagando à vista (acréscimo do AP), há uma diminuição do CCL, pois o AC diminui e nada acontece com o PC. Neste caso, houve uma aplicação de recursos.

Concluindo:

Para **aumento** do CCL temos uma **origem** de recursos.

Para **diminuição** do CCL temos uma **aplicação** de recursos.

Vimos que as transações envolvendo as contas circulantes, tanto as do ativo quanto as do passivo, não afetam o CCL e por isso não são demonstradas na DOAR. Porém, existem transações envolvendo contas não circulantes com contas não circulantes que também não afetam o CCL, mas são obrigatoriamente demonstradas na DOAR. Vejamos alguns exemplos:

- **Aquisição de bens do ativo permanente com financiamento de longo prazo.** Nada acontece com o CCL, mas a origem dos recursos pelo aumento do ELP e a aplicação pela aquisição do AP serão demonstradas na DOAR.
- **Aumentar capital social com bens do ativo permanente.** Mais uma vez, nada acontece com o CCL, mas a DOAR demonstrará o aumento do PL (origem) e do AP (aplicação).
- **Vender AP a longo prazo.** Haverá um aumento no RLP (aplicação) e uma diminuição do AP (origem). Nada acontece com o CCL, mas toda a transação será demonstrada na DOAR.

5.5.4 Estrutura da demonstração das origens e aplicações de recursos

DEMONSTRAÇÃO DAS ORIGENS E APLICAÇÕES DE RECURSOS CARDANI S.A. Exercício findo em 31.12.20X0 Em milhares de Reais
I — Origens de recursos
1 — Das operações
Lucro líquido do exercício
+Depreciações e amortizações
+Variações monetárias passivas (LP)
(+) Prejuízo na venda de imobilizado
(+) Resultado de equivalência patrimonial devedor
(–) Lucro na venda de imobilizado
(–) Resultado de equivalência patrimonial credor
(–) Transferências de REF para o resultado do exercício
2 — Dos acionistas
Integralização de capital
3 — De terceiros
Aumentos no ELP
Redução do RLP
Valor de venda do AP
II — Aplicações de recursos
Aumentos no AP
Aumentos no RLP
Dividendos propostos
Redução do AP
III — Variação do capital circulante líquido (I – II)

IV — DEMONSTRATIVO DA VARIAÇÃO DO CCL (CAPITAL CIRCULANTE LÍQUIDO)			
	Saldos em (R$)		Variação (R$)
	31.12.20X0	31.12.20X1	
Ativo circulante			
Passivo circulante			
Capital circulante líquido			

5.6 DVA — demonstração do valor adicionado

A demonstração do valor adicionado é uma demonstração surgida na Europa e que tem sido cada vez mais solicitada em nível internacional. É um tipo de relatório contábil que apresenta informações de natureza econômica, indicando como foi criada 'riqueza' pela empresa e quais fatores contribuíram para aquela criação. A DVA atende às necessidades informacionais de diversos outros usuários da contabilidade, não só daqueles tradicionalmente conhecidos, como os investidores, os administradores, os governos, os banqueiros e os fornecedores, mas também os consumidores dos produtos e serviços da empresa, os empregados, enfim, a sociedade como um todo. A DVA integra o que se convencionou chamar de **balanço social**, que apresenta um conjunto de informações que inclui, entre outras, as relações profissionais, a evolução do emprego, a formação profissional, as condições de higiene e de segurança etc. Segundo Gomes[3]: "Dentre as informações de caráter não financeiro, nos últimos anos, tem adquirido maior importância aquela de caráter mais 'social', que trata de medir o grau de contribuição da política da empresa para a satisfação dos objetivos dos diferentes grupos que colaboram na organização: o pessoal, consumidores e comunidade social. Podem ser consideradas como tal os sociogramas, as pesquisas de opinião ou o **balanço social**" (destaque nosso).

A DVA vem ganhando adeptos no mundo exatamente por refletir a entidade que a elabora como se fosse um país, indicando de forma clara o valor da riqueza gerada (quanto foi agregado aos insumos adquiridos) e as participações de cada segmento na geração dessa riqueza.

5.6.1 O que é valor adicionado?

Para conceituarmos valor adicionado, é preciso antes entendermos um conceito macroeconômico chamado **produto nacional**. Segundo Fonseca[4]: "Produto nacional é o valor monetário de todos os bens finais produzidos na economia no período de um ano". Para Rosseti[5], produto nacional é "a medida, em unidades monetárias, do fluxo total de bens e serviços finais produzidos pelo sistema econômico em determinado período". Pelas definições apresentadas, é fácil observar que ambos os autores mencionam "bens e serviços *finais* produzidos". Tais definições de produto nacional nos levam de imediato a indagar: E os bens e serviços intermediários que foram consumidos durante o processo produtivo? Por que não são adicionados ao cômputo do produto nacional? Vamos imaginar um produto, produzido pela empresa A, cujo preço de venda (receita) seja de R$ 1 mil. A empresa, para produzi-lo, adicionou alguns insumos ou, em outras

---
3 Josir Simeone Gomes e M. Joan. *Controle gerencial: um enfoque contextual e organizacional* (apostila). Curso MBA-Executivo, Coppead, URFJ, 1995, p. 13.
4 Marcos Gianetti da Fonseca. *Manual de economia* (parte 2, capítulo 2). Equipe de professores da USP. São Paulo: Saraiva, 1996, p. 215.
5 José Paschoal Rosseti. *Introdução à economia*. São Paulo: Atlas, 1978, p. 517.

palavras, bens e serviços intermediários produzidos, por exemplo, pela empresa B, cujo preço de venda (receita) foi de R$ 600,00. De quanto seria então o produto nacional considerando apenas as duas empresas? Numa primeira tentativa de resposta seríamos instados a somar as receitas de vendas de ambas as empresas e aí incorreríamos em grave erro, pois estaríamos fazendo uma dupla contagem. No cálculo do produto nacional são computados apenas os produtos e serviços de consumo final; os bens intermediários consumidos durante o processo produtivo não são computados, exatamente para evitar a mencionada dupla contagem. Vejamos o exemplo bastante ilustrativo apresentado pela professora Márcia de Luca em seu livro *Demonstração do valor adicionado*.

"Considere uma economia na qual as únicas transações ocorridas foram as seguintes:
I — Agricultor
Transação: venda de algodão em rama para a indústria têxtil por R$ 1 mil.
II — Indústria têxtil
Transação: venda de tecido de algodão para a indústria de confecções por R$ 1.400,00.
III — Indústria de confecções
Transação: venda de camisas para os consumidores finais por R$ 1.700,00.

Analisando as operações temos:

Tabela 5.1

UNIDADES	VENDAS BRUTAS	CPV/CMV	VALOR ADICIONADO
Agricultor (algodão)	R$ 1.000,00	—	R$ 1.000,00
Indústria têxtil (tecido)	R$ 1.400,00	R$ 1.000,00	R$ 400,00
Indústria de confecções (camisas)	R$ 1.700,00	R$ 1.400,00	R$ 300,00
Produto nacional ou valor adicionado	=============>		R$ 1.700,00

Nesse total, a soma de todas as vendas descritas é R$ 1.000,00 + R$ 1.400,00 + R$ 1.700,00 = R$ 4.100,00. O valor do algodão em rama aparece três vezes, uma vez que o preço de venda de cada unidade produtora está incorporando o custo do algodão em rama. Essa soma envolve o problema de múltipla contagem e apresenta um valor acima daquilo que a economia consegue obter por sua atividade. O valor do produto nacional dessa economia é de R$ 1.700,00, ou seja, após os materiais terem sido passados de uma unidade para outra, tudo o que a economia realmente obteve foram camisas nesse valor.

O valor do algodão produzido pelo agricultor é contado como parte do produto nacional. A seguir, o valor do tecido de algodão menos o custo do algodão em rama é o valor adicionado pela indústria têxtil, que será computado para cálculo do produto nacional, bem como o valor da camisa menos o custo de tecido, que é o valor adicionado pela indústria de confecção. Assim, temos que a soma do valor adicionado a cada etapa do processo será igual ao valor da camisa vendida, produto/venda final."

A definição de Simonsen[6] é muito clara quando conceitua produto nacional em termos de valor adicionado: "Denomina-se valor adicionado em determinada etapa da produção a diferença entre o valor bruto da produção e os consumos intermediários nessa etapa. Assim, o produto nacional pode ser concebido como 'a soma dos valores adicionados em determinado período de tempo, em todas as etapas dos processos de produção do país'".

O conceito de valor adicionado corresponde, portanto, ao quanto a empresa acrescenta de valor ao que é pago para terceiros. Esse acréscimo (adição) representa um 'bônus' pago pelo mercado pelo que ela (a empresa) produziu num dado período. Exemplo: determinada empresa apresenta os seguintes totais:

Vendas brutas	R$ 1.000,00
Insumos adquiridos de outras empresas	R$ 600,00
Mão-de-obra utilizada	R$ 100,00
Remuneração dos sócios/acionistas	R$ 300,00

O valor adicionado seria demonstrado da seguinte forma:

Vendas brutas (produção total)	R$ 1.000,00
(–)Insumos adquiridos de outras empresas (consumos intermediários)	R$ (600,00)
= Valor adicionado	R$ 400,00

O bônus pago pelo mercado importa no valor de R$ 400,00, ou seja, quanto foi adicionado de valor ao total pago às outras empresas (consumos intermediários). Cabem agora as seguintes indagações: E a mão-de-obra? E a remuneração dos sócios? No exemplo, a resposta é muito simples: da riqueza gerada ou adicionada, parte irá remunerar a mão-de-obra, e a outra parte irá para os sócios — temos aqui um conceito primário de **renda**, a remuneração dos fatores de produção, ou seja, o total dos pagamentos efetuados aos fatores de produção que foram utilizados para a obtenção do produto. Assim, na economia: Produto = Renda. Em contabilidade: Valor adicionado = Destinação do valor adicionado. Em resumo:

Tabela 5.2

PRODUTO NACIONAL = VALOR ADICIONADO		RENDA = DESTINAÇÃO DO VALOR ADICIONADO	
Total da produção	R$ 1.000,00	Salários	R$ 100,00
(–)Produção intermediária	R$ (600,00)	Capital	R$ 300,00
PN/Valor adicionado	R$ 400,00	Renda/destinação	R$ 400,00

---

6 Mário Henrique Simonsen. *Macroeconomia*. Rio de Janeiro: Apec, 1975, p. 83, v. 1.

5.6.2 Como elaborar a demonstração do valor adicionado

Ao resumo ordenado de receitas e despesas que competem ao mesmo período dá-se o nome de demonstração do resultado do exercício. Trata-se de um relatório da contabilidade, apresentado de forma dedutiva, de onde são extraídos vários conceitos, como: resultado bruto, resultado operacional, resultado não-operacional, resultado antes do imposto de renda, resultado líquido. É, sem dúvida, uma demonstração das mais importantes para os usuários da informação contábil. A DRE, por seu alcance informativo, indicando diversas formas de resultado, supre as necessidades desses usuários, principalmente dos proprietários das empresas. Sob esse enfoque, a DRE é imbatível. Ocorre que, no contexto atual, as necessidades informacionais dos usuários da contabilidade, por conta principalmente do crescimento vertiginoso das relações comerciais e financeiras entre as empresas de todo o mundo, sugerem uma demonstração que evidencie não só as diversas formas de resultado, mas também a capacidade de as empresas agregarem valor aos insumos adquiridos. Mais: evidenciar a distribuição desse valor. Assim, dessa necessidade surgiu a DVA (demonstração do valor adicionado), um relatório contábil que calcula a adição de valor e a respectiva distribuição entre os fatores de produção que contribuíram para a sua geração.

5.6.2.1 Apuração contábil do valor adicionado

Vimos que encontrar o valor adicionado é tarefa não muito complexa, bastando para isso a aplicação da seguinte fórmula:

$$VA = VB - CI$$

Onde:

VA = Valor adicionado
VB = Vendas brutas
CI = Consumos intermediários

Da forma como está apresentada, tal equação atende muito mais a usuários de dados econômicos do que a usuários de dados contábeis, isso porque as variáveis da fórmula são sintéticas ao extremo e não permitem uma visão segmentada, analítica das diversas rubricas que compõem a demonstração do resultado do exercício, que é a base para a elaboração da demonstração do valor adicionado. A fórmula não esclarece sobre outros tipos de renda, como, por exemplo, 'receitas financeiras', 'receitas com venda de imobilizado', 'recuperação de despesas' etc. Tampouco esclarece sobre a variável 'consumos intermediários', na qual, mais uma vez, temos o problema do conceito apresentado de forma muito resumida. Se a base para elaboração da DVA é a DRE, precisamos identificar quais custos e despesas são efetivamente consumos intermediários ou simplesmente a remuneração dos fatores de produção. Fica evidente, portanto, que a apuração contábil do valor adicionado deve contemplar todas as formas de receitas, despesas e custos, perfeitamente identificadas e que permitam condições para conciliação com a demonstração do resultado do exercício. Assim, faz-se necessário definirmos uma nova fórmula, a saber:

$$VAT = \{[VB - (MC + ST + OMS) - D] + (RF + EP + OR)\}$$

Onde:
VAT = Valor adicionado total
VB = Vendas brutas
MC = Materiais consumidos
ST = Serviços de terceiros consumidos
OMS = Outros materiais e serviços consumidos
D = Depreciações/amortizações
RF = Receitas financeiras
EP = Equivalência patrimonial
OR = Outras receitas

Vamos agora 'abrir' cada um dos componentes da fórmula, indicando o caminho para a obtenção dos dados na DRE, visando melhorar a qualidade da informação, compor subtotais que permitam uma visualização segmentada (valor adicionado bruto, valor adicionado líquido, riquezas não relacionadas à produção) e que propiciem análises verticais, horizontais e por quocientes, facilitando assim a tomada de decisão.

Valor adicionado bruto
$$VAB = VB - (MC + ST + OMS)$$

VAB: é o valor adicionado bruto. Representa o valor adicionado oriundo da atividade produtiva da empresa.
VB: são as vendas brutas ou, para as empresas prestadoras de serviços, as receitas a partir de serviços prestados.
MC: representam o custo da matéria-prima, das mercadorias, dos serviços, exclusive mão-de-obra direta e indireta, no caso de indústrias e comércios. Nesta variável devem ser incluídos os impostos recuperáveis, incidentes sobre as compras da empresa. Mais adiante veremos o porquê dessa inclusão.
ST: também representam custos relacionados à produção, à comercialização ou aos serviços, tais como transportes, terceirizações, consultorias etc.

OMS: representam as despesas administrativas e de vendas, exclusive salários, encargos sociais, outros impostos, depreciações e amortizações, bem como comissões pagas aos vendedores.

Obs.: o somatório de MC + ST + OMS representa os 'consumos intermediários'.

Valor adicionado líquido
$$VAL = VAB - D$$

VAL: é o valor adicionado líquido.
D: são as depreciações, amortizações e exaustões.

Temos aqui um dos itens mais polêmicos da DVA. A polêmica existe porque alguns autores preferem considerar as depreciações como valores retidos no grupo **destinação do valor adicionado** (assunto que abordaremos mais adiante), e não como redutoras do valor adicionado bruto. Vimos que o produto nacional é conceituado em termos de valor adicionado. Acontece que é relativamente simples obter o PNB (produto nacional bruto), no entanto, a obtenção do PNL (produto nacional líquido) não é tão simples, isso porque o PNL exclui a depreciação do estoque de bens de capital e, para mensurá-la, há uma série de dificuldades — talvez seja esse o motivo para os economistas preferirem o PNB ao PNL. Todavia, em contabilidade, a obtenção dos valores das depreciações e amortizações é muito simples. Se é simples, a questão da sua utilização para chegar ao VAL é apenas de critério. Sabemos que as depreciações e amortizações representam a 'recuperação' das aplicações de recursos ocorridas no passado, as quais só serão 'recuperadas' à medida que os bens tangíveis ou intangíveis forem beneficiando a empresa e compondo os custos ou despesas durante o período em que tais bens estiverem sendo utilizados. Sobre o assunto, Martins[7] nos ensina: "(...) vem aparentemente crescendo a alternativa de considerar as depreciações como redutoras do valor adicionado bruto, e não como valores retidos na destinação. Afinal, a empresa produziu um valor adicionado mas 'consumiu' uma parte de um outro produzido no passado por ela mesma ou por outra empresa. As depreciações, amortizações e exaustões representam baixa de capital acumulado no passado, logo, o que interessa é o valor líquido gerado pela empresa".

Valor adicionado total
$$VAT = VAL + (RF + EP + OR)$$

---

[7] Eliseu Martins. Demonstração do valor adicionado de bancos. Temática contábil e balanços. *Boletim IOB*, n. 15, p. 129, 1993.

VAT: representa o total do valor adicionado, incluindo, além do valor adicionado gerado pela produção, outras formas de riqueza (renda) transferidas de terceiros ou obtidas na empresa, mas não relacionadas à atividade produtiva.

RF: representam os juros obtidos (receitas financeiras) em transações, as quais, apesar de não criarem riqueza nenhuma, provocam acréscimos no VAT.

EP: são receitas obtidas pela aplicação de recursos em outras empresas. Obtidas também pelo método de equivalência patrimonial, representam transferências de riquezas que foram geradas nas empresas investidas. Provocam acréscimos ao VAT.

OR: representam outras receitas, tais como: aluguéis, recuperação de despesas, receitas com dividendos (para empresas que avaliam seus investimentos pelo método de custo) e receitas com vendas de imobilizado. Ainda que tais receitas não se relacionem com as atividades produtivas da empresa, entendemos que, no caso das recuperações e das vendas de imobilizado, os respectivos valores representam acréscimos ao VAL, podendo ser adicionados às vendas brutas.

5.6.2.2 Apuração da destinação do valor adicionado

Vimos que valor adicionado é igual ao somatório da remuneração dos fatores de produção que contribuíram para a sua geração, ou numa linguagem matemática:

$$VA = \Sigma\ FP$$

Ora, se há riqueza sendo gerada, as famílias, empresas e governos (agentes econômicos) estão sendo pa gos para produzi-la. Voltamos ao conceito de renda: a remuneração dos fatores de produção. Assim, da riqueza gerada por uma empresa, a demonstração do valor adicionado nos indica como tal riqueza foi distribuída aos empregados, aos financiadores da empresa, aos governos e aos proprietários. De Luca[8] enfatiza: "A demonstração do valor adicionado surgiu para evidenciar quanto de valor a empresa adiciona aos insumos que adquire, bem como sua distribuição aos elementos que contribuíram para essa adição (...)". Simples: da riqueza gerada (receita) são subtraídos os consumos intermediários; a sobra é o valor adicionado, restando apenas indicar como tal valor adicionado foi destinado, ou seja, os agentes econômicos que receberam pagamentos, isto é, obtiveram renda, e contribuíram para a adição de valor à entidade — e, por extensão, à economia. São os seguintes os tais agentes: os empregados, os capitais de terceiros, os governos e os sócios/acionistas.

---

8   Márcia M. Mendes De Luca. *Demonstração do valor adicionado*. São Paulo: Atlas, 1998, p. 33.

Empregados — Mão-de-obra
Incluir todos os pagamentos diretos (salários, férias, 13º) e indiretos (INSS e FGTS) efetuados pela empresa.

Financiadores — Capitais de terceiros
Incluir as despesas financeiras e de aluguéis.

Governos
Incluir todos os impostos federais, estaduais e municipais de responsabilidade da empresa. Os impostos recuperáveis devem ser lançados por seus valores líquidos.

Proprietários — Acionistas
Incluir os dividendos pagos e os lucros acumulados ou retidos no período a que se referir a DVA.

Cabe aqui novamente ressaltar que a base para a elaboração da DVA é a DRE — e esta contempla receitas, custos e despesas por competência. Assim, o total da destinação do valor adicionado deverá forçosamente ser idêntico ao total encontrado como valor adicionado. Cabe ainda a observação de que para montarmos ou elaborarmos a DVA será preciso dispormos de dados somente obteníveis na própria empresa, ou seja, é praticamente impossível extrair uma DVA a partir de uma DRE publicada. Por exemplo: mão-de-obra embutida nos custos da empresa é um dado importante para a elaboração da DVA, mas quase nunca disponível numa DRE e raramente em notas explicativas. Outro ponto que merece comentários são os impostos incidentes sobre as compras, chamados de 'recuperáveis'. No cálculo dos custos demonstrados na DRE, tais impostos são excluídos, mas para a elaboração da DVA eles devem ser acrescentados. À primeira vista parece ser muito confuso esse entendimento, entretanto, basta lembrarmos do conceito econômico de valor adicionado. Pela fórmula apresentada anteriormente temos: $VA = VB - CI$. Sabemos que CI são os consumos intermediários ou insumos adquiridos de terceiros, e que o VA é o valor que o mercado paga a mais (bônus) por aquilo que foi gerado de riqueza. Ora, se nossa empresa vendesse todo seu estoque a preço de custo, considerando apenas essa operação, teria ela algum valor adicionado? Claro que não. Da mesma forma não teria ela nenhum imposto a recolher, isso porque o valor pago pela compra é um insumo ou consumo intermediário que gerará impostos lá no fornecedor. Na nossa empresa, nessa situação, haverá impostos se, e somente se, ocorrer o bônus, ou seja, o valor adicionado.

Neste ponto é preciso esclarecer que, em economia, o valor adicionado é calculado em função da produção do período (inclui-se os estoques). Em contabilidade, como vimos, o valor adicionado é calculado em função das vendas e, por esse critério, exclui-se os estoques. Sobre o assunto relata Martins[9]: "Na ciência econômica o conceito de valor adicionado é em função da produção, e não das vendas. Mas os países que estão utilizando essa demonstração ou a discutem têm algumas divergências. Alguns preferem manter o conceito original e querem a demonstração em função da produção, enquanto outros preferem mais simplesmente que, para efeitos contábeis, se calcule e demonstre o valor adicionado em função das vendas".

Contabilmente, para calcularmos o valor adicionado em função da produção, a valoração dos estoques deverá ser efetuada em função do preço de venda, tanto para o estoque de produtos acabados quanto para o estoque de produtos em elaboração, e ainda: das vendas do período deveremos subtrair as vendas de produtos produzidos no período anterior. Mais: nas despesas administrativas e com vendas (consumos intermediários) deveremos considerar somente os valores referentes à produção do período. Por todas essas dificuldades adicionais, para a elaboração da DVA com base na produção, deverá haver prevalência para a elaboração da DVA com base nas vendas, não somente pela facilidade na obtenção de dados, mas também porque a DVA, levantada com base nas vendas do período permite uma reconciliação direta e clara com a DRE do mesmo período.

A título apenas de ilustração vale lembrar que a DVA no Brasil ainda não é obrigatória, contudo, o anteprojeto que altera a Lei das S.A., elaborado pelo Instituto Brasileiro de Contadores (Ibracon), em seu art. 4º, preceitua a DVA como obrigatória. O art. 16 do anteprojeto acrescenta um artigo à Lei n. 6.404/76 com a seguinte redação e numeração: "Art. 188. A demonstração do valor adicionado evidenciará, no mínimo, as **receitas geradas** (destaque nosso) pela companhia, deduzidas dos insumos utilizados na sua obtenção, a sua distribuição entre funcionários, financiadores, acionistas, governo e outros, bem como a parcela retida para reinvestimento". A exposição justificativa do anteprojeto mencionado não prevê um modelo de DVA. Tal ausência de previsão propicia uma 'maior flexibilidade para que os órgãos reguladores o façam'. Pelo anteprojeto, claro está que a base para elaboração da DVA são as vendas, e não a produção, entretanto, diversos outros itens que podem gerar polêmica ainda precisam ser debatidos.

5.6.3 Estrutura da demonstração do valor adicionado

Vejamos a seguir uma forma de estruturação da DVA, segundo os conceitos até aqui discutidos:

---

9 Eliseu Martins. Uma nova demonstração contábil: a do valor adicionado. Temática contábil e balanços. *Boletim IOB*, n. 11, p. 101, 1989.

DEMONSTRAÇÃO DO VALOR ADICIONADO 31.12.20X2 Em milhares de Reais		
Receita de vendas		1.000,00
(–)Custo das mercadorias vendidas		(132,00)
(–)Serviços de terceiros		(41,00)
(–)Despesas administrativas e de vendas		(91,00)
= VALOR ADICIONADO BRUTO		736,00
(–)Depreciações/amortizações		(5,00)
= VALOR ADICIONADO LÍQUIDO		731,00
Receitas não relacionadas à produção		97,00
Financeiras	35,00	
Equivalência patrimonial	41,00	
Demais receitas	21,00	
= VALOR ADICIONADO TOTAL		828,00
DESTINAÇÃO DO VALOR ADICIONADO		
Empregados		402,00
Financiadores		55,00
Governos		181,00
Acionistas		190,00
Dividendos	102,00	
Lucros retidos	88,00	
Valor adicionado total		828,00

O exemplo de demonstração do valor adicionado apresentado contempla o valor adicionado líquido (VAL) das depreciações e amortizações, entretanto, conforme comentamos nos tópicos anteriores, alguns contadores preferem indicar as depreciações e amortizações como uma destinação do valor adicionado, tratando-as como valores retidos na distribuição do valor adicionado num item específico chamado **retenções**. A nosso ver, tal procedimento mais confunde do que esclarece o usuário da informação contábil, isso porque 'transforma', por exemplo, a depreciação, em um tipo de remuneração aos fatores de produção. O que é falso. A depreciação é, na verdade, o resultado de uma espécie de 'consumo' sobre os investimentos feitos no passado e que, no presente, por conta de seus valores líquidos, tais investimentos contribuem para a geração de riqueza nas entidades. Daí a necessidade de demonstrar a adição líquida do valor daquele consumo. Vejamos como ficaria a DVA segundo o critério de considerar as depreciações/amortizações como uma retenção:

DEMONSTRAÇÃO DO VALOR ADICIONADO 31.12.20X2 Em milhares de Reais		
Receita de vendas		1.000,00
(–)Custo das mercadorias vendidas		(132,00)
(–)Serviços de terceiros		(41,00)
(–)Despesas administrativas e de vendas		(91,00)
VALOR ADICIONADO BRUTO		736,00
+ Receitas não relacionadas à produção		97,00
Financeiras	35,00	
Equivalência patrimonial	41,00	
Demais receitas	21,00	
VALOR ADICIONADO TOTAL		833,00
DESTINAÇÃO DO VALOR ADICIONADO		
Empregados		402,00
Financiadores		55,00
Governos		181,00
Acionistas		190,00
Dividendos	102,00	
Lucros retidos	88,00	
Retenções (depreciação/amortização)	5,00	
Valor adicionado total		833,00

O motivo para que alguns contadores prefiram essa forma de evidenciar o valor adicionado na contabilidade reside certamente na subjetividade dos critérios utilizados para os cálculos da depreciação e da amortização. Sabemos existir uma profusão de critérios para encontrar os valores referentes àquelas rubricas que retificam o ativo permanente das entidades — não há nem mesmo unanimidade dos diversos autores quanto ao fato de que tais retificações sejam processos alocativos ou valorativos. Pior: na maioria das empresas, pelo menos nas brasileiras, utilizam-se somente os critérios que o fisco permite. O motivo pelo qual defendemos a utilização do valor adicionado líquido, que reduz as depreciações e amortizações do valor adicionado bruto, repousa na seguinte argumentação: para qualquer critério utilizado, visando-se retificar o imobilizado tangível e o diferido, está implícito o valor líquido dos capitais investidos no passado. O que se discute para a utilização do critério A ou do critério B é se o tal 'valor líquido' é ou não representativo, quer dizer, se sua mensuração é realmente a correta. Sejam os valores utilizados constantes, variáveis, crescentes ou decrescentes, por qualquer critério haverá 'alguém' dizendo: "Essa taxa de depreciação ou amortização não expressa a realidade, pois houve uma inflação no período de tantos por cento e a taxa foi de menos ou mais tantos por cento". Outros dirão ainda: "Está tudo errado, depreciação se faz pelo uso e não pelo tempo de vida útil do bem". Pronto! Temos uma 'caldo' perfeito para não chegar a nenhuma conclusão. Um fato é claro: há investimentos feitos no passado que, agora, no presente, contribuem para a formação da riqueza por seus valores líquidos, e é melhor indicá-los com uma margem de erro do que não indicá-los. Finalmente, as depreciações e amortizações não representam 'renda' a ser distribuída ou 'retida'. Assim, devem ser reduzidas de forma a demonstrar o valor adicionado líquido.

Tanto para as empresas comerciais, industriais ou prestadoras de serviço, as chamadas empresas não financeiras, quanto para as empresas financeiras (assunto que abordaremos no próximo tópico), a demonstração do valor adicionado nos permite identificar com facilidade os porcentuais destinados a cada fator de produção. Vejamos um exemplo a partir de uma das DVA apresentada:

Tabela 5.3

FATORES DA DISTRIBUIÇÃO	VALOR DISTRIBUÍDO (R$)	PERCENTUAL DA DISTRIBUIÇÃO
Empregados	402,00	48,55%
Financiadores	55,00	6,64%
Governos	181,00	21,86%
Dividendos	102,00	12,32%
Lucros retidos	88,00	10,63%
Valor adicionado total	828,00	100,00%

Imagine se você fosse um governante e determinada empresa quisesse se instalar em seu país. Antes de tomar uma decisão, você gostaria de obter as projeções do valor que essa empresa adicionaria à economia do seu país? Claro que sim! Essa é uma das vantagens da demonstração do valor adicionado.

5.6.4 O papel dos juros nas empresas não financeiras e financeiras

Se os bancos não criam riquezas, repassando-as simplesmente, não poderiam jamais elaborar uma demonstração do valor adicionado, posto que, se não há riqueza gerada, não há nada a ser adicionado à economia. No caso dos bancos, devemos atentar para o seguinte fato: como intermediador financeiro um banco não adiciona valor à economia, mas como prestador de serviço, sim. Todavia, é preciso esclarecer que, do total de receitas de um banco, as receitas por serviços prestados representam um porcentual significativamente menor que as receitas geradas pela intermediação financeira. Em 1997, do total de receitas apropriadas pelo sistema bancário brasileiro, apenas 10,3% representavam receitas por serviços prestados[10]. Mantida a mesma estrutura de custos, se os bancos fossem apenas prestadores de serviço, certamente apresentariam um valor adicionado negativo, ou seja, os consumos intermediários superariam a riqueza gerada (renda).

Nos tópicos anteriores ficou claro que, para uma empresa não financeira, as receitas financeiras representam, ainda que acrescentadas ao VAT (valor adicionado total), uma mera transferência de riqueza, e não uma riqueza gerada, sendo esse o motivo de as receitas financeiras ou os juros recebidos serem demonstrados num item à parte, de forma a indicar ao usuário da informação contábil que aquelas riquezas foram geradas em outras empresas e 'transferidas' por conta de uma utilização de capital acordada entre ambas as partes. Já as despesas financeiras são apresentadas na demonstração do valor adicionado como uma destinação desse valor adicionado, representando o pagamento de juros aos emprestadores de capital. Em resumo, no caso de empresas não financeiras, no que tange à DVA, os juros devem ser demonstrados conforme segue:

- Quando recebidos, são demonstrados como valores adicionados fora da atividade produtiva. São tratados como riquezas oriundas de outras empresas.
- Quando pagos, são demonstrados como um direcionamento do valor que foi adicionado à economia. Representando a remuneração do doador de recursos e significando ainda que, para a empresa agregar valor à economia, foi preciso utilizar capitais de terceiros e devolvê-los com juros.

Surge agora uma grande questão: E os bancos, cuja 'receita bruta' são as receitas financeiras e o 'custo' mais significativo são as despesas financeiras? Para os bancos, as chamadas empresas financeiras, há condições especiais para evidenciar o valor adicionado e sua respectiva distribuição entre os fatores envolvidos no processo daquela geração.

Para elaboração da DVA de bancos, mais uma vez a contabilidade irá se valer de conceitos da economia, ou seja, irá respeitar uma convenção internacional, voltada para o cálculo do PIB (produto interno bruto). Cabe aqui uma outra questão: ao longo deste trabalho comentamos sobre PNB (produto nacional bruto) e PNL (produto nacional lí-

---

10 Fundação Getúlio Vargas (FGV). *Revista Conjuntura Econômica*. Rio de Janeiro, jun. 1998.

quido). Qual a diferença de ambos os 'produtos' em relação ao PIB? O PNB trata de indicar o valor adicionado, resultante de recursos nacionais pertencentes a residentes no país, não importando em que país ou território econômico a riqueza foi gerada. O PNL é o valor adicionado bruto, líquido das depreciações. O PIB também é um somatório de valores adicionados ou agregados, como se costuma chamar em economia, no entanto, no seu cálculo, considera-se tudo que foi produzido, dentro dos limites territoriais do Brasil, independentemente da nacionalidade dos 'donos' das unidades produtoras ou geradoras de riqueza. É fácil diferenciar um 'produto' do outro, vejamos como: o conceito de produto nacional considera as rendas recebidas do exterior ou, em outras palavras, a produção das empresas brasileiras no exterior, mas exclui as rendas remetidas ao exterior. Estas representam a produção ocorrida em território brasileiro mas que não pertencem aos brasileiros: são as remessas de lucros, os *royalties*, os juros etc. Assim, fica fácil perceber que o PIB seria o PNB mais a renda remetida ao exterior (pagamentos a não residentes), menos a renda recebida do exterior (pagamentos a residentes no Brasil).

Bem, voltemos à convenção internacional para cálculo do PIB: já vimos que os bancos são muito mais intermediadores financeiros do que prestadores de serviço e, como tal, seus respectivos valores adicionados redundariam em zero ou próximo de zero — ou, o que é mais provável, redundariam em valores negativos. Para evitar tal problema convencionou-se o seguinte: somente para o caso dos bancos, os juros recebidos serão diminuídos dos juros pagos; o valor líquido encontrado será considerado um dos componentes para o cálculo do valor adicionado. A essa diferença entre receitas financeiras (juros recebidos) e despesas financeiras (juros pagos) dá-se o nome de **resultado bruto da intermediação financeira**, e para a elaboração da sua DVA, a este resultado diminuem-se os insumos adquiridos de terceiros e somam-se as outras receitas, inclusive prestação de serviços, encontrando-se, assim, o valor adicionado gerado pelo banco. Perceba que na destinação daquele valor adicionado não haverá valores distribuídos aos capitais de terceiros (juros, despesas financeiras), posto que, para chegar ao resultado bruto da intermediação, tais valores são redutores das receitas financeiras. Mas veja: se os valores adicionados dos bancos forem simplesmente somados aos valores adicionados das demais empresas não financeiras, haverá uma dupla contagem no total de valores adicionados da economia (PIB), isso porque as receitas financeiras dos bancos representam despesas financeiras para as demais empresas, ou seja, os juros recebidos por um banco são o resultado de uma 'transferência de riqueza' criada por uma outra empresa. Assim, se somarmos o valor adicionado dos bancos com o valor adicionado das demais empresas não financeiras, teremos, é óbvio, uma múltipla contagem. É por isso que, para o cálculo do PIB, o resultado bruto da intermediação financeira é subtraído numa rubrica própria da contabilidade nacional chamada **imputação dos serviços de intermediação financeira**. É importante, neste momento, lembrar que a demonstração do valor adicionado é elaborada a partir de dados da demonstração do resultado do exercício, e ambas consideram receitas e despesas por competência, logo, os juros demonstrados pelos bancos não são os efetivamente recebidos ou pagos, mas aqueles que competem ao período a que se referirem as demonstrações comentadas.

Tabela 5.4

PRODUTO INTERNO BRUTO — 20X3	EM MILHARES DE UM*
Indústria	45.000,00
Comércio	27.000,00
Serviços	13.000,00
Instituições financeiras	15.000,00
Subtotal	100.000,00
(–)Serviços de intermediação financeira	(11.000,00)
Total do PIB	89.000,00

* Unidades monetárias.

Sabemos que o PIB representa a soma de todos os valores adicionados da economia; sabemos também que os bancos não criam riqueza pela intermediação financeira, é por isso que, para o cálculo do PIB, o resultado bruto dessa intermediação não é considerado.

5.6.5 Perspectivas para a DVA no Brasil

Cremos que a demonstração do valor adicionado veio para ficar, mas é preciso ainda muita discussão sobre as várias formas de apresentá-la, sob pena de perdermos a comparabilidade tão necessária para a tomada de decisão dos agentes internos ou externos às empresas. A DVA apresenta diversas vantagens sobre a demonstração do resultado do exercício no aspecto macro de qualquer análise, apontando-nos o que as empresas agregam de valor à sociedade onde estão inseridas e de que maneira essa adição de valor foi distribuída. Há, contudo, um caminho enorme a percorrer: mais uma vez estamos a reboque dos países desenvolvidos, que, por mais de uma década já se utilizam dessa importante peça contábil. No Brasil, temos poucas empresas publicando a demonstração do valor adicionado — estas poucas, talvez por falta de difusão ou discussão sobre o assunto, ou ambas as hipóteses, vêm apresentando alguns conceitos divergentes, que mais desinformam do que esclarecem. Além das divergências apresentadas no presente trabalho, em nossa pesquisa observamos pelo menos um caso de DVA publicada que apresenta os consumos intermediários sendo somados à principal receita bruta, o que nos parece um contra-senso. Temos ainda casos de provisões de longo prazo relativas à mão-de-obra, tratadas como um 'consumo final' e, portanto, não consideradas no direcionamento do valor adicionado. Enfim, seja por meio de discussões técnicas ou por meio de discussões acadêmicas, os órgãos representativos da classe contábil precisam apontar os caminhos que visem à busca de um consenso sobre a estruturação da demonstração do valor adicionado — não, não se trata da busca de um engessamento para os profissionais da contabilidade, mas da busca de procedimentos acordados pela classe contábil e, por serem fartamente discutidos, propiciarão à DVA ser efetivamente mais um instrumento da contabilidade colocado à disposição da sociedade, permitindo melhores condições de informação, avaliação e mensuração das empresas instaladas em nosso país.

5.7 Demonstração do fluxo de caixa

É uma demonstração da contabilidade que expõe fluxos estritamente financeiros e de fácil entendimento. Trata-se de um relatório que propicia ao usuário da informação contábil condições de avaliar a capacidade da empresa na geração de caixa futuro e de fazer frente às suas obrigações. O demonstrativo de fluxo de caixa passou a ser requerido como peça complementar das demonstrações financeiras para todas as empresas que se regem pelo Fasb (Financial Accounting Standars Board). O Fasb é uma entidade regulamentadora das práticas contábeis dos Estados Unidos. Pelas leis brasileiras, não é uma demonstração obrigatória. Nessa demonstração, os recebimentos e pagamentos de caixa são classificados como provenientes de atividades operacionais, de investimentos e de financiamentos, os quais são apresentados de maneira a conciliar as variações dos valores do caixa do começo com o fim do período. A definição do conceito de caixa e **equivalente de caixa** é muito importante — no geral, o conceito *puro* de caixa representa o somatório da conta caixa propriamente dita e da conta bancos. O equivalente de caixa representa os investimentos altamente líquidos, aqueles imediatamente conversíveis em caixa, bem como investimentos a curto prazo predeterminados e tão próximos da data de vencimento que inexista risco de alteração de seu valor em função da alteração da taxa de juros. A conta representativa de grupo de investimentos recebe o nome de **aplicações financeiras de liquidez imediata**, que, somada à conta caixa e à conta bancos, compõe o saldo da conta disponibilidades.

5.7.1 Equação para chegar ao 'caixa' das empresas

Repare na equação fundamental do balanço vista nos capítulos iniciais deste trabalho:

$$A = PE + PL$$

Onde:

A = Ativo
PE = Passivo exigível
PL = Patrimônio líquido

Sabemos que o ativo e o passivo são compostos de contas circulantes e não circulantes (curto e longo prazos). Sendo assim, podemos reescrever a equação anterior da seguinte forma:

$$AC + RLP + AP = PC + ELP + REF + PL$$

Onde:

AC = Ativo circulante
RLP = Realizável a longo prazo
AP = Ativo permanente
PC = Passivo circulante
ELP = Exigível a longo prazo
REF = Resultado de exercícios futuros
PL = Patrimônio líquido

Podemos reescrever a equação em função do ativo circulante e então teríamos:

$$AC = PC + ELP + REF + PL - (RLP + AP)$$

Sabemos que o ativo circulante das empresas é composto das disponibilidades (caixa + bancos + aplicações financeiras de liquidez imediata), dos bens e direitos realizáveis a curto prazo, e das despesas antecipadas de curto prazo. E aí, novamente, poderemos reescrever a equação da seguinte forma:

$$Disponibilidades = (PC + ELP + REF + PL) - (OAC + RLP + AP)$$

Onde:

OAC = Outros ativos circulantes

É essa equação que consiste na base para elaboração da demonstração do fluxo de caixa, por meio da qual podemos perceber, matematicamente, que um aumento nas contas do PC, ELP, REF e PL gera um aumento nas disponibilidades das empresas. Já um aumento nas contas dos OAC, do RLP e do AP gera uma diminuição nas disponibilidades. Inversamente, uma diminuição nas contas ditas 'passivas' (PC, ELP, REF e PL) geraria uma diminuição nas disponibilidades, e uma diminuição nos OAC, RLP e AP geraria um aumento nas disponibilidades.

Quanto à forma de divulgação, a demonstração do fluxo de caixa deve ser segregada, como vimos, num fluxo de três naturezas de atividades, que possuem critérios de classificação não muito controversos, ainda que alguns pontos sejam passíveis de discussão.

A demonstração do fluxo de caixa pode ser elaborada de duas formas: ou usamos o método direto, que demonstra efetivamente as movimentações de recursos financeiros ocorridos em determinado período, ou usamos o método indireto, por meio do qual os saldos são obtidos por intermédio de conciliações das contas a partir do lucro líquido do exercício, excluindo-se os valores que não transitaram pela conta disponibilidades. Como exemplos podemos citar a depreciação, a amortização, as provisões etc. Nosso objetivo neste momento não é ensinar os métodos mencionados, mas indicar a importância da DFC para a tomada de decisão.

5.7.2 Demonstração do fluxo de caixa — método direto

CAROL S.A. DEMONSTRAÇÃO DO FLUXO DE CAIXA 31.12.20X1	
ATIVIDADES OPERACIONAIS	
Numerário recebido de clientes	40.800,00
Juros recebidos	700,00
Dividendos recebidos	500,00
(–)Pagamentos a fornecedores de mercadorias	28.800,00
(–)Pagamento de despesas administrativas	2.000,00
(–)Pagamento de despesas com vendas	1.600,00
(–)Pagamento de juros	400,00
(–)Pagamento de impostos	2.000,00
= Caixa líquido das atividades operacionais	7.200,00
ATIVIDADES DE INVESTIMENTO	
Recebimento pela venda de imobilizado	4.000,00
(–)Pagamento pela compra de imobilizado	(5.200,00)
= Caixa líquido das atividades de investimento	(1.200,00)
ATIVIDADES DE FINANCIAMENTO	
Aumento de capital	2.000,00
Emissão de debêntures	3.600,00
(–)Pagamento de dividendos	(2.800,00)
= Caixa líquido das atividades de financiamento	2.800,00
Aumento líquido em disponibilidades e equivalente-caixa	8.800,00
+ Saldo inicial de disponibilidades e equivalente-caixa	6.400,00
= Saldo final de disponibilidades e equivalente-caixa	14.400,00

5.7.3 Demonstração do fluxo de caixa — método indireto

CAROL S.A. DEMONSTRAÇÃO DO FLUXO DE CAIXA 31.12.20X1	
ATIVIDADES OPERACIONAIS	
Lucro líquido do exercício	76.400,00
+ Depreciação	2.200,00
(–)Lucro na venda de imobilizado	(11.200,00)
(–)Aumentos em duplicatas a receber	(28.800,00)
(–)Aumentos em estoques	(26.400,00)
+ Aumento em fornecedores	15.000,00
(–)Diminuição em salários a pagar	(12.000,00)
(–)Diminuição em impostos a pagar	(8.000,00)
= Caixa líquido das atividades operacionais	7.200,00
ATIVIDADES DE INVESTIMENTO	
Recebimento pela venda de imobilizado	4.000,00
(–)Pagamento pela compra de imobilizado	(5.200,00)
= Caixa líquido das atividades de investimento	(1.200,00)
ATIVIDADES DE FINANCIAMENTO	
Aumento de capital	2.000,00
Emissão de debêntures	3.600,00
(–)Pagamento de dividendos	(2.800,00)
= Caixa líquido das atividades de financiamento	2.800,00
Aumento líquido em disponibilidades e equivalente-caixa	8.800,00
+ Saldo inicial de disponibilidades e equivalente-caixa	6.400,00
= Saldo final de disponibilidades e equivalente-caixa	14.400,00

5.8 Notas explicativas

Visando melhorar a qualidade da informação prestada ao usuário da informação contábil, as demonstrações contábeis devem ser complementadas com notas explicativas. É importante esclarecer que tais notas são um complemento às demonstrações contábeis, portanto, não são consideradas demonstrações. Destinam-se a destacar detalhes e informações adicionais sobre fatos contábeis não divulgados no corpo das demonstrações contábeis.

Preconiza a Lei das Sociedades por Ações em seu art. 176, §§ 4º e 5º:

"§ 4º As demonstrações serão complementadas por notas explicativas e outros quadros analíticos ou demonstrações financeiras necessárias para esclarecimento da situação patrimonial e de resultados do exercício.

§ 5º As notas deverão indicar:

a) os principais critérios de avaliação dos elementos patrimoniais, especialmente estoques, dos cálculos de depreciação, amortização e exaustão, de constituição de provisões para encargos ou riscos, e de ajustes para atender a perdas prováveis na realização de elementos do ativo;

b) os investimentos em outras sociedades, quando relevantes (art. 247, parágrafo único);

c) o aumento de valor de elementos do ativo resultante de novas avaliações (art. 182, § 3º);

d) os ônus reais constituídos sobre elementos do ativo, as garantias prestadas a terceiros e outras responsabilidades eventuais ou contingentes;

e) a taxa de juros, as datas de vencimento e as garantias das obrigações a longo prazo;

f) o número, espécies e classes das ações do capital social;

g) as opções de compra de ações outorgadas e exercidas no exercício;

h) os ajustes de exercícios anteriores;

i) os eventos subseqüentes à data de encerramento do exercício que tenham ou possam vir a ter efeito relevante sobre a situação financeira e os resultados futuros da companhia".

6 Tópicos especiais em contabilidade

CAPÍTULO

6.1 Provisões em contabilidade

As provisões representam uma redução de ativo ou acréscimo de exigibilidades que reduzem o patrimônio líquido e cujos valores podem ser considerados ainda uma estimativa. Referem-se a expectativas de perdas de ativos ou estimativas de valores a desembolsar, que, na verdade, ainda não ocorreram, mas os fatos geradores contábeis sim. É importante esclarecer que **provisão** é sempre um valor estimado, enquanto **obrigação** é um valor líquido e certo. Existem apenas dois tipos de provisão:

Provisão para registrar prováveis valores a serem pagos. Exemplos: provisão para 13º salário, para férias, para garantia de produtos etc. Considere que todos os cálculos efetuados para constituir tais provisões tomam como base uma estimativa de valores.

Provisão para ajustar o valor contábil dos ativos da empresa. Exemplos: provisão para devedores duvidosos, para perdas, para desvalorização de estoques etc.

6.1.1 Provisão para férias e 13º salário

As férias a que os empregados têm direito, mas ainda não gozaram, bem como o 13º salário, devem, pelo regime de competência, ser reconhecidos pela contabilidade no período de aquisição. Esses tipos de provisão devem ser reconhecidos mensalmente por ocasião do fechamento do balanço patrimonial. Pela CLT (Consolidação das Leis do Trabalho), para cada mês de trabalho o empregado tem direito a $1/_{12}$ de 30 dias de férias. Assim, é correta a apropriação mensal do equivalente a $1/_{12}$ do valor bruto da folha de pagamento. Mesmo tratamento deve ser dado ao 13º salário, pois os empregados mensalmente fazem jus ao 13º salário proporcional; logo, as empresas devem constituir uma provisão para pagamento desse benefício. Exemplos:

Pela constituição da provisão para férias:

D — Despesa com férias dos empregados — DRE (despesas administrativas)
C — Provisão para férias — PC (passivo circulante)

Pela constituição da provisão para 13º salário:

D — Despesa com 13º salário — DRE (despesas administrativas)
C — Provisão para 13º salário — PC

6.1.2 PDD — Provisão para devedores duvidosos

Esta conta representa a estimativa de prejuízos prováveis, oriundos de riscos assumidos com a concessão de créditos. Registra as perdas possíveis pela expectativa da falta de pagamento das duplicatas a receber. É sempre movimentada nos seguintes casos: pela formação da provisão, pela baixa das duplicatas consideradas incobráveis e pela atualização da provisão. Quando da atualização, podemos utilizar dois critérios: complementação ou reversão, quer dizer, no fim do exercício social ou se pode complementar o saldo da PDD ou este pode ser revertido ('zerado').

As empresas podem estimar suas perdas adotando critérios estatísticos (média das perdas nos últimos anos) ou relatórios de controle interno que permitam estabelecer as perdas previstas na realização das duplicatas a receber, considerando, é claro, os créditos em atraso e aqueles ainda por vencer. Exemplo:

Em 31.12.20X1, determinada empresa apresentava saldo de duplicatas a receber no valor de R$ 10 mil. Naquela data, estimou sua perda provável, aplicando o percentual de 1,5%. Ao longo do exercício de 20X2, ocorreram os seguintes fatos:

Em 3.6.20X2, um dos clientes da empresa faliu. Tal cliente devia R$ 60,00.

Em 10.8.20X2, foi decretada a falência de outro cliente que devia R$ 80,00.

Em 10.10.20X2, venda a prazo no valor de R$ 10.140,00, com CMV de R$ 8 mil. Nesta data, o saldo da conta estoques era de R$ 12 mil.

Escriture: baixa das duplicatas consideradas incobráveis; pela venda a prazo ocorrida; pela atualização em 31.12.20X2, utilizando-se do método da complementação ou da reversão. Considere o mesmo percentual de 1,5% como expectativa de perda para o ano de 20X3.

DUPLICATAS A RECEBER (R$)	
(Sa)10.000,00	60,00 (3.6.20X2)
(10.10.20X2) 10.140,00	80,00 (10.8.20X2)
20.140,00	140,00
Saldo 20.000,00	

DESPESA COM PDD (R$)	
31.12.20X1 (150,00)*	150,00 ARE (31.12.20X1)
31.12.20X2 (290,00)**	290,00 ARE (31.12.20X2)

* Cálculo da PDD em 31.12.20X1: 1,5% de R$ 10 mil = R$ 150,00.
  O saldo da conta despesa com PDD é transferido para a conta ARE.
** Cálculo da PDD em 31.12.20X2: 1,5% de R$ 20 mil = R$ 300,00.

Repare que temos R$ 10,00 de saldo. Faltam, portanto, R$ 290,00 para *complementar* o saldo da PDD.

RECEITA BRUTA COM VENDAS (R$)		PDD (R$)	
	10.140,00 (10.10.20X2)	3.6.20X2 (60,00)	150,00 (31.12.20X1)
		10.8.20X2 (80,00)	
		140,00	150,00
			10,00 (Saldo)
			290,00 (31.12.20X2)
			300,00 (Saldo final)

ESTOQUES		CMV	
(Sa) 12.000,00	8.000,00 (10.10.20X2)	10.10.20X2 (8.000,00)	

No balanço patrimonial teríamos:

Circulante.....................................19.700,00
Duplicatas a receber......20.000,00
(–) PDD   (300,00)

6.1.3 Provisão para desvalorização de estoques

Vimos no Capítulo 4 que há um princípio fundamental na ciência contábil chamado **conservadorismo**. Este princípio explicita: "Entre conjuntos alternativos de avaliação para o patrimônio, igualmente válidos, segundo os princípios fundamentais de contabilidade, a ciência contábil escolherá o que apresentar o menor valor atual para o ativo e maior para as obrigações...".[1] Os valores registrados na rubrica estoques representam o custo de aquisição (são os valores pagos aos fornecedores, mais fretes, impostos, seguros etc.); no entanto, os valores efetivamente pagos pelos estoques e registrados na contabilidade das empresas podem ser inferiores aos valores que a empresa obteria no mercado. Exemplo:

Valor dos estoques registrados na contabilidade da empresa	R$ 1.000,00
Valor de mercado das mercadorias	R$ 800,00

Nessa situação, segundo o princípio fundamental de contabilidade já mencionado, chamado conservadorismo, a empresa deve optar pelo menor dos valores. É a regra do

---

1 Fipecafi, obra citada.

'custo ou mercado, o que for menor'. Assim, contabilmente, a empresa deve fazer uma provisão, reconhecendo a perda provável e indicando para o usuário da informação contábil, por meio dos relatórios contábeis, a retificação do seu ativo.

Lançamento da provisão:

D — Despesas com desvalorização de estoques	R$ 200,00
C — Provisão para desvalorização de estoques	R$ 200,00

Na DRE daquele ano:

Despesas administrativas	R$ 200,00
Despesas com desvalorização de estoques	R$ 200,00

No balanço patrimonial:

Ativo circulante	R$ 800,00
Estoques	R$ 1.000,00
(–) Provisão com desvalorização de estoques	R$ (200,00)

Exercício: vamos supor que em 31.12.20X0 determinada empresa apresente um saldo de R$ 80 mil na conta estoques e que fazendo sua avaliação pela regra do 'custo ou mercado, o que for menor', tenha verificado que o valor de mercado era de R$ 70.500,00, inferior, portanto, ao valor registrado como custo de aquisição. Para contabilizar a provisão, a empresa deverá escriturar qual lançamento contábil? Demonstrar os efeitos do BP e da DRE.

6.1.4 Provisão para perdas com investimentos

Representa a perda provável na realização dos valores dos investimentos. Novamente temos de observar a regra do 'custo ou mercado, o que for menor', para não gerarmos expectativas otimistas quanto ao investimento efetuado. Observe o exemplo: em 20.4.20X0 a Danicar S.A. adquire à vista cem mil ações da Cia. Alpha pelo valor unitário de R$ 1,00. Nessa data será registrado o seguinte lançamento na contabilidade da Danicar S.A.:

D — Investimentos temporários*..................................100.000,00	
C — Disponibilidades...100.000,00	

* Poderiam ser ações de outras empresas ou participações em outras empresas.

Em 31.12.20X0 a cotação da ação, observada no último pregão do ano, era de que uma ação valia apenas R$ 0,60. Quer dizer, se a empresa resolvesse vender as cem mil ações, teria obtido apenas R$ 60 mil, ou seja, uma provável perda de R$ 40 mil. Observe: o custo da ação foi R$ 1,00, o mercado está pagando R$ 0,60. Assim, a contabilidade deve reconhecer o menor dos valores, adotando uma postura conservadora diante da situação do mercado. Sem dúvida, há que se reconhecer uma provisão para que o usuário da informação contábil 'veja' que existe um provável/potencial prejuízo, e que a Danicar está se preparando para o fato. O seguinte lançamento deverá, então, ser reconhecido:

> D — Despesas com provisão para perdas (DRE — Despesas administrativas)
> C — Provisão para perdas (conta que retifica o ativo, seja ele qual for: AC, RLP ou AP)*

* AC = Ativo circulante; RLP = Realizável a longo prazo; AP = Ativo permanente

6.2 Duplicatas descontadas

As duplicatas a receber que uma empresa tem registradas em seu ativo, fruto das vendas a prazo, podem ser negociadas em bancos. Diversos motivos levam uma empresa a descontar seus títulos, e um deles é a necessidade de capital de giro. Assim, as duplicatas descontadas são uma forma de empréstimo, havendo, portanto, a cobrança de juros por parte dos bancos. Caso o devedor da duplicata não pague sua dívida na data do vencimento e a duplicata tenha sido descontada, a empresa deverá restituir ao banco a quantia correspondente àquele desconto. O desconto de duplicatas é, portanto, uma mera operação comercial, na qual direitos creditórios são transferidos para outrem.

A conta duplicatas descontadas é uma conta subtrativa (o mesmo que conta retificadora) da conta duplicatas a receber e indica quanto daqueles direitos foi recebido antecipadamente.

Exemplos:

Em 30.11.20X0, determinada empresa possuía em seu ativo duplicatas a receber no montante de R$ 300 mil e decide descontar no banco A uma duplicata no valor de R$ 100 mil, com vencimento em 31.1.20X1. O banco A cobrou R$ 15 mil pelo desconto.

a) Lançamentos pelo desconto em 30.11.20X0:

> D — Bancos... R$ 85.000,00
> D — Encargos financeiros a apropriar............................ R$ 15.000,00
> C — Duplicatas descontadas... R$ 100.000,00

b) Em 30.12.20X0, apropriação das despesas financeiras referentes ao período de 30.11.20X0 a 31.12.20X0:

D — Despesas financeiras...	R$ 7.500,00
C — Encargos financeiros a apropriar........................	R$ 7.500,00

c) Em 31.1.20X1, o banco avisa que o devedor/sacado pagou a duplicata:

D — Duplicatas descontadas...	R$ 100.000,00
C — Duplicatas a receber..	R$ 100.000,00

d) Em 31.1.20X1, apropriação das despesas financeiras referentes ao período de 30.12.20X0 a 31.1.20X1:

D — Despesas financeiras...	R$ 7.500,00
C — Encargos financeiros a apropriar........................	R$ 7.500,00

e) Admita que o devedor/sacado não pague a duplicata em 31.1.20X1:

D — Duplicatas descontadas...	R$ 100.000,00
C — Bancos..	R$ 100.000,00

6.3 Amortização

Os valores referentes às aplicações de recursos em despesas que contribuirão para a formação do resultado de vários exercícios sociais, contabilizados no subgrupo do ativo permanente chamado **diferido**, deverão ser amortizados a partir do momento que as aplicações dos recursos comecem a produzir benefícios, ou seja, provoquem receitas. Assim, **amortizar** um gasto diferido significa transportar uma parcela desse gasto para o resultado do exercício, reconhecendo como **despesa efetiva** parte dos gastos que a empresa teve e que irão contribuir para a formação do resultado de vários exercícios sociais. Os gastos diferidos serão amortizados como despesas do exercício e proporcionalmente ao tempo da amortização, que deve ser de no mínimo cinco e no máximo dez anos. Exemplo: uma empresa foi constituída em jan./20X1. Na fase pré-operacional, diversos gastos foram realizados, tais como obtenção de alvarás, registros nas repartições públicas, honorários advocatícios etc. O total de gastos somou R$ 360 mil. A empresa começa a operar e a produzir receitas a partir de 1.3.20X1, e decide amortizar seus gastos pré-operacionais em cinco anos. Com base nesses dados é possível obter:

a) Lançamento do total dos gastos em jan./20X1:

D — Gastos pré-operacionais	R$ 360.000,00
C — Disponibilidades	R$ 360.000,00

b) Lançamento referente à quota mensal de amortização em 31.3.20X1:

D — Despesas com amortização	R$ 6.000,00
C — Amortização acumulada	R$ 6.000,00

$$\frac{360.000 \times 20\%}{12} = 6.000,00$$

c) Apresentação no BP e na DRE:
DRE

Despesas administrativas	R$ 60.000,00
Despesas com amortização	R$ 60.000,00

Balanço patrimonial diferido

Gastos pré-operacionais	360.000,00
(–) Amortização acumulada	(60.000,00)

O valor de R$ 60 mil se refere aos dez meses de amortização (mar./20X1, inclusive, a dez./20X1).

6.4 Depreciação

Com exceção dos *terrenos e obras de arte*, a maioria dos ativos imobilizados tem vida útil limitada. A depreciação corresponde à perda de valor de bens físicos, tangíveis e sujeitos a desgaste por uso, ação da natureza ou obsolescência. Tal perda é registrada pela empresa como **despesa** ou **custo** em cada período contábil (mês ou ano), proporcionalmente ao tempo de vida útil do bem. Como base para limite de vida útil de um bem do ativo imobilizado, as empresas brasileiras, em sua maioria, adotam os períodos aceitos ou recomendados pela legislação do imposto de renda, conforme mostrado no quadro abaixo:

Tabela 6.1

BENS DO ATIVO IMOBILIZADO	TEMPO DE VIDA ÚTIL	TAXA DE DEPRECIAÇÃO
Móveis e utensílios	10 anos	10% a.a.
Edifícios e construções	25 anos	4% a.a.
Ferramentas	20 anos	5% a.a.
Máquinas, equipamentos, instalações	10 anos	10% a.a.
Veículos	5 anos	20% a.a.
Tratores e ambulâncias	4 anos	25% a.a.

A perda mensal ou anual é chamada de **despesas com depreciação**, que, obviamente, diminui o resultado do exercício. A contrapartida será a conta **depreciação acumulada**, que, como o próprio nome diz, acumula, até o término da vida útil do bem, o valor das perdas registradas como **despesas** ou **custos**.

Exemplo:

Determinada empresa adquire um veículo à vista, pagando em cheque, na data de 30.3.20X1, o valor de R$ 12 mil. Pede-se:

a) Lançamento pela compra:

D — Veículos...	R$ 12.000,00
C — Bancos...	R$ 12.000,00

b) Lançamento mensal da depreciação:

$$\frac{12.000 \times 20\%}{12} = R\$\ 200{,}00$$

D — Despesa com depreciação...................................	R$ 200,00
C — Depreciação acumulada......................................	R$ 200,00

c) Apresentação no balanço patrimonial de 20X1 (ativo permanente):

Imobilizado...	R$ 10.200,00
Veículos..	R$ 12.000,00
(–)Depreciação acumulada...	(R$ 1.800,00)*

Obs.: o método de depreciação visto anteriormente é o **método linear**, no qual a linha do tempo, no caso cinco anos, se lança como despesa ou custo: 20% do valor do bem a cada ano até completar os 100% do valor de aquisição (custo histórico como base de valor).

*A primeira depreciação ocorreu em 30.4.20X1 e assim sucessivamente até o mês de dezembro daquele ano, portanto, o resultado do exercício foi diminuído em R$ 1.800,00 a título de despesas com depreciação. O método linear é o mais simples de todos, pois apenas distribui as quotas de depreciação proporcionalmente à vida útil estimada do bem. Assim, se um bem tem vida útil estimada de dez anos, a cada ano será 'depreciado' pela empresa 10% do valor desse bem a título de custo ou despesa. Várias empresas estimam que após a vida útil do bem, este poderá obter um determinado valor no mercado. Esse valor estimado é chamado de **valor residual**, ou seja, é o valor provável de realização do bem quando de sua venda no fim de sua vida útil. Para calcularmos a depreciação pelo método linear utilizamos a seguinte fórmula:

$$\text{Depreciação anual ou mensal} = \frac{\text{Custo do bem} - \text{Valor residual}}{\text{Anos ou meses de vida útil}}$$

Exemplo:

Custo do bem..	R$ 10.000,00
Valor residual..	R$ 1.000,00
Vida útil em anos...	10 anos

Cálculo da depreciação anual:

$$\frac{10.000 - 1.000}{10} = \text{R\$ 900,00 de depreciação anual}$$
$$\text{ou R\$ 75,00 (R\$ 900,00/12) por mês}$$

Ao longo de dez anos, o valor de R$ 9 mil será levado a resultado como despesa ou custo à razão de R$ 900,00/ano.

6.5 Valorização e avaliação de estoques

As empresas têm opções para controlar seus estoques: ou adotam mecanismos para obter uma posição sempre atualizada, ou apuram seus estoques apenas no fim de determinado período. Assim, duas questões devem ser respondidas pela empresa:

Quando apurar os valores dos estoques?
Como atribuir valores aos estoques?

O momento da apuração pode ser definido de forma periódica ou permanente, e a forma de atribuir valores pode ser: a) por média ponderada; b) considerando os primeiros produtos que entraram no estoque como sendo os primeiros a serem baixados; c) considerando os primeiros produtos que entraram no estoque como sendo os últimos a serem baixados.

6.5.1 Inventário periódico

Nesse tipo de inventário, ao longo de determinado período de tempo (mês, semestre, ano), a empresa registra todas as suas compras de mercadorias em uma conta cumulativa chamada compras, não contabilizando, após cada venda efetuada, o CMV (custo da mercadoria vendida). No fim do período é feito um inventário físico que nada mais é que uma contagem, que uma conferência das mercadorias existentes no almoxarifado, no pátio, na loja, enfim, no local onde elas costumam ser guardadas. Nessa contagem apura-se o estoque final do período em análise. Bem, sabemos que o estoque final de um período é o estoque inicial do período seguinte. Assim, se somarmos ao estoque inicial as compras do período e diminuirmos o estoque que sobrou (o estoque final), teremos o **custo** das mercadorias que foram vendidas naquele período. Vejamos algebricamente como isso funciona:

$$CMV = EI + C - EF$$

Equação 6.1

Onde:

CMV = Custo da mercadoria vendida
EI = Estoque inicial
C = Compras
EF = Estoque final

Exemplo:

Uma revendedora de bombas de sucção em 31.12.19X8 apresentava contabilizado na conta estoque de mercadorias, ou simplesmente mercadorias, o valor de R$ 30 mil. Fisicamente havia 200 bombas no almoxarifado da empresa. No ano de 19X9 ocorreram as seguintes transações:

Fevereiro	Compra de 20 bombas ao preço unitário de R$ 150,00 cada
Março	Venda de 120 bombas por R$ 200,00 cada
Agosto	Compra de 30 bombas também por R$ 150,00 cada
Dezembro	Venda de 50 bombas por R$ 210,00

No fim do mês de dezembro a empresa apurará seus resultados conforme modelo abaixo:

EI	R$ 30.000,00	(200 × R$ 150,00)
+C	R$ 7.500,00	(20 × R$ 150,00) + (30 × R$ 150,00)
–EF	R$ 12.000,00	(80 × R$ 150,00)
= CMV	R$ 25.500,00	(170 × R$ 150,00)

Na DRE, teríamos:

Vendas	R$ 34.500,00
(–)CMV	R$ 25.500,00
= Lucro bruto	R$ 9.000,00

Repare que a apuração que fizemos foi extracontábil, ou seja, nada precisou ser reconhecido na contabilidade da empresa para saber o resultado do período. Repare ainda: já imaginou uma loja de departamentos tendo de 'contar' item por item de todo o seu estoque a cada fim de período? Esse tipo de inventário é mais bem aproveitado se for utilizado em empresas que revendam mercadorias de grande volume físico. Por exemplo: concessionária de veículos e tratores; lojas de móveis; grandes máquinas etc.

6.5.1.1 Contabilização no inventário periódico

Basicamente são três as contas existentes para controle contábil pelo inventário periódico, a saber:

- **Mercadorias ou estoque de mercadorias:** é uma conta movimentada apenas no *fim do período*. Pelo valor do estoque inicial (EI) é efetivado um crédito e, pelo valor do estoque final (EF), um débito — em ambos os casos contra a conta CMV.
- **Compras:** todas as compras de mercadorias efetuadas no período são debitadas. No fim do período, a conta compras é creditada contra um débito na conta CMV.
- **Receita com vendas:** sempre creditadas contra a conta disponibilidades (caixa mais bancos) e/ou duplicatas a receber.

Vejamos, agora, como seria a contabilização no inventário periódico utilizando os dados do exemplo anterior.

Admitamos saldo inicial na conta bancos no valor de R$ 5 mil e que todas as compras e vendas foram realizadas à vista.

1. Pela compra de 20 bombas em fevereiro a R$ 150,00 cada bomba:

D — Compras	3.000,00
C — Bancos	3.000,00

2. Pela venda de 120 bombas em março ao preço unitário de R$ 200,00:

D — Bancos	24.000,00
C — Receita com vendas	24.000,00

3. Pela compra de 30 bombas em agosto a R$ 150,00 a unidade:

D — Compras	4.500,00
C — Bancos	4.500,00

4. Pela venda de 50 bombas em dezembro por R$ 210,00 a unidade:

D — Bancos	10.500,00
C — Receita com vendas	10.500,00

Obs.: repare que o custo das mercadorias que foram vendidas *não* é apurado após cada venda. No inventário periódico o custo só é apurado no fim de cada período. Vejamos:

5. Pelo encerramento da conta compras:

D — CMV	7.500,00
C — Compras	7.500,00

6. Zerando o estoque inicial:

D — CMV	30.000,00
C — Estoque de mercadorias	30.000,00

7. Reconhecendo na contabilidade o valor do estoque final (80 × R$ 150,00):

D — Estoque de mercadorias	12.000,00
C — CMV	12.000,00

No livro razão, teríamos:

BANCOS			COMPRAS			ESTOQUES	
(SI) 5.000,00	(1)3.000,00		(1)3.000,00			(SI)30.000,00	(6)30.000,00
(2)24.000,00	(3)4.500,00		(3)4.500,00			(7)12.000,00	
(4)10.500,00				(5)7.500,00			
39.500,00	7.500,00		7.500,00	7.500,00		42.000,00	30.000,00
32.000,00						12.000,00	

	RECEITAS COM VENDAS		CMV	
Não esqueça: o estoque inicial de cada período é sempre zerado contra a conta CMV. O mesmo tratamento ocorre com a conta compras		(2)24.000,00	(5)7.500,00 (6)30.000,00	
		(4)10.500,00		(7)12.000,00
		34.500,00	37.500,00	12.000,00
		34.500,00	25.500,00	

6.5.2 Inventário permanente

Ocorre quando a empresa mantém um controle permanente sobre as entradas e saídas de mercadorias, em quantidades e em valor, apurando o custo a cada venda efetuada, ou seja, a qualquer momento a empresa pode dispor de uma posição atualizada dos seus estoques e do CMV.

Nesse tipo de inventário, o momento do reconhecimento do custo ocorre quando a empresa vende as mercadorias. Porém, ainda há uma questão a ser resolvida: Qual critério devemos adotar para determinar o custo de cada mercadoria vendida?

6.5.2.1 Critérios utilizados no inventário permanente

Vejamos o seguinte exemplo:

a) Em 10.1.20X2, uma empresa compra 500 produtos ZW por R$ 6 mil. O valor unitário de cada produto ZW será: (R$ 6.000,00/500) = R$ 12,00.
b) A mesma empresa decide comprar de outro fornecedor, em 20.1.20X2, mais 500 produtos ZW no valor total de R$ 6.250,00. O preço unitário de cada produto será (R$ 6.250/500) = R$ 12,50.
c) Admitimos que seja efetuada, em 30.1.20X2, uma venda à vista de 400 produtos ZW ao preço unitário de R$ 16,00. Pela venda teríamos o seguinte reconhecimento na contabilidade da empresa:

D — Bancos/caixa	6.400,00
C — Receita com vendas	6.400,00

A questão é: Como a empresa reconhecerá seus custos? Pela primeira compra? Pela segunda compra? Ou até mesmo pelo preço médio entre as duas compras? Cada resposta representa um critério diferente. Vejamos cada um deles:

6.5.2.1.1 Peps — primeiro a entrar, primeiro a sair

Este método, também conhecido como Fifo (do inglês *first in, first out*), consiste em reconhecer como custo as primeiras compras que foram efetuadas, ou seja, quando da ocorrência de uma venda, os preços 'baixados' dos estoques serão das primeiras mercadorias que entraram no almoxarifado da empresa. No exemplo a seguir, a contabilidade deveria reconhecer como custos as primeiras mercadorias que entraram, ou seja:

D — CMV	4.800,00*
C — Estoques	4.800,00

* R$ 12,00 × 400 produtos ZW = R$ 4.800,00

Estoque final da empresa em 31.1.20X2:

100 unidades a R$ 12,00	R$ 1.200,00
500 unidades a R$ 12,50	R$ 6.250,00
600	R$ 7.450,00

6.5.2.1.2 Ueps — último a entrar, primeiro a sair

Este método, também conhecido como Lifo (do inglês, *last in, last out*), é usado para availar o estoque pelo preço das últimas mercadorias que entraram no almoxarifado. No exemplo a seguir teríamos:

D — CMV	R$ 5.000,00*
C — Estoques	R$ 5.000,00

* R$ 12,50 × 400 produtos ZW = R$ 5.000,00

Estoque final da empresa em 31.1.20X2:

500 unidades a R$ 12,00	=	R$ 6.000,00
100 unidades a R$ 12,50	=	R$ 1.250,00
600		R$ 7.250,00

6.5.2.1.3 Custo médio

Pelos métodos Peps e Ueps, a valorização das saídas de estoque se dá pela ordem em que as mercadorias entram no almoxarifado. Pelo método do custo médio, a valorização é efetuada pelo custo unitário encontrado com a divisão do valor do estoque pela quantidade estocada. No exemplo a seguir, teríamos:

500 produtos a R$ 12,00..	R$ 6.000,00
500 produtos a R$ 12,50..	R$ 6.250,00
1.000	R$ 12.250,00

R$ 12.250,00 divididos por mil produtos terão um preço médio unitário da ordem de R$ 12,25.

Contabilmente teríamos:

D — CMV..	4.900,00*
C — Estoques..	4.900,00

* R$ 12,25 × 400 produtos ZW = R$ 4.900,00

Estoque final da empresa em 31.1.20X2:

600 produtos a R$ 12,25 = R$ 7.350,00

	CRITÉRIO UTILIZADO		
	Peps (R$)	Ueps (R$)	Médio (R$)
Valor do estoque final	7.450,00	7.250,00	7.350,00
Receita com vendas	6.400,00	6.400,00	6.400,00
Custo das mercadorias vendidas — CMV	(4.800,00)	(5.000,00)	(4.900,00)
Lucro bruto	1.600,00	1.400,00	1.500,00

Contabilmente, as empresas podem utilizar quaisquer critérios; todavia, para fins fiscais, o custo da mercadoria vendida e o custo do produto vendido não poderão ser determinados pelo critério Ueps porque, por esse método, os estoques ficam subavaliados, diminuindo por conseqüência o lucro líquido das empresas. Os critérios Peps e Médio são aceitos pelo Fisco.

7 Introdução à contabilidade de custos

CAPÍTULO

A contabilidade de custos é um ramo da contabilidade orientado para o registro, a organização, a análise e a interpretação dos dados relacionados à produção ou à prestação de serviços, podendo ser aplicada não apenas às empresas industriais, mas a qualquer tipo de empresa: bancos, seguradoras, empresas de transportes etc. As técnicas de contabilidade de custos constituem um poderoso instrumento nas mãos do administrador para o eficiente desempenho de suas funções, pois fornecem informações capazes de atingir três objetivos principais de qualquer empresa:

- determinação do lucro;
- controle das operações;
- tomada de decisões.

A contabilidade de custos fornece informações para:

- a determinação dos custos dos fatores de produção;
- a determinação dos custos de qualquer natureza;
- a determinação dos custos dos setores de uma organização;
- a redução dos custos dos fatores de produção de qualquer atividade ou de setores da organização;
- o controle das operações e das atividades de qualquer organização;
- a administração, quando esta deseja tomar uma decisão, estabelecer planos ou solucionar problemas especiais;
- o levantamento dos custos dos desperdícios, do tempo ocioso dos empregados, da capacidade ociosa dos equipamentos, dos produtos danificados, do tempo necessário para manutenção ou conserto, dos serviços de garantia de produtos;
- a determinação da época em que se deve desfazer de um equipamento, isto é, quando as despesas de manutenção e reparos ultrapassem os benefícios advindos da utilização do equipamento;
- a determinação dos custos de pedidos não satisfeitos;
- a determinação dos custos dos inventários com a finalidade de ajudar o cálculo do estoque mínimo de segurança, do lote mais econômico de compra, da época da compra;

- o estabelecimento dos orçamentos.

Em resumo, sem a contabilidade de custos, seria muito mais 'dolorosa' a tomada de decisão por parte do administrador e/ou do gestor de qualquer tipo de entidade.

7.1 Classificação dos custos

7.1.1 Custos diretos

São custos diretamente apropriáveis no cálculo dos produtos acabados. São os materiais diretos (matéria-prima) utilizados na fabricação do produto e da mão-de-obra diretamente envolvida na sua fabricação. Estes custos podem ser mensurados com facilidade. Por exemplo: quantidade de madeira para fazer uma mesa e salários dos operários que trabalham diretamente na elaboração desta mesa. Vejamos outros exemplos:

- materiais de embalagem;
- depreciação (equipamento utilizado para produzir um único produto);
- energia elétrica (quando for possível obter a quantidade de kw consumidos na fabricação de cada produto).

7.1.2 Custos indiretos

São aqueles custos que ocorrem no processo produtivo, mas para que sejam apropriados aos produtos somos obrigados a utilizar critérios de rateio, que, em alguns casos, não são muito confiáveis. Os custos indiretos precisam de esquemas especiais para a alocação com base em rateios e estimativas. O 'rateio' é um artifício usado para alocar os custos que não visualizamos com objetividade e segurança àqueles produtos aos quais se referem. Exemplos:

- depreciação de equipamentos que fabricam mais de um produto;
- energia elétrica;
- conta da água;
- fax, telefone;
- aluguel;
- seguros;
- mão-de-obra dos supervisores (mão-de-obra indireta);
- peças de manutenção;
- materiais indiretos, como cola e verniz.

Obs.: se a empresa fabrica um único produto, todos os seus custos são diretos.

7.1.3 Custos fixos

São aqueles custos que não variam com a oscilação da atividade produtiva, que independem do volume de produção ou venda, como é o caso, por exemplo, do aluguel da fábrica em determinado mês. Ou seja, o aluguel é pago independentemente do aumento ou da diminuição, naquele mês, do volume de produção. Tais custos permanecem estáveis numa análise macro; no entanto, oscilam bastante em níveis unitários, ou seja, maior produção não significa aumento desses custos, mas para cada item produzido significará uma redução no valor do custo unitário de fabricação. Em outras palavras, estamos dizendo que, se a empresa paga um aluguel de R$ 1 mil para fabricar um único produto, o custo fixo unitário será de R$ 1 mil; se fabricar dois produtos, o custo fixo unitário será de R$ 500,00 por produto; se fabricar três unidades, o custo fixo unitário será de R$ 333,33, e assim por diante. Vejamos outros exemplos:

- imposto predial;
- depreciação dos equipamentos (método linear);
- salários de vigias e porteiros da fábrica;
- seguros.

7.1.4 Custos variáveis

Trata-se dos custos cujos valores são determinados em função de oscilações na atividade produtiva. Se aumentarmos a produção, aumentaremos os custos variáveis, ou seja, esses custos relacionam-se diretamente ao volume de produção. Neste caso, os custos variam no total, mas permancem constantes unitariamente; no entanto, para cada item produzido, o custo de produção será o mesmo. Vejamos alguns exemplos:

- matéria-prima;
- materiais indiretos consumidos;
- depreciação (horas-máquina trabalhadas);
- horas extras na produção.

7.1.5 Custos semivariáveis

São custos que variam em função do volume de produção ou venda, mas não exatamente nas mesmas proporções. Eles têm uma parcela fixa a partir da qual passam a ser variáveis. Vejamos alguns exemplos:

- conta de energia elétrica;
- aluguel de copiadora;
- gasto com combustível (aquecimento da caldeira).

7.1.6 Custos semifixos

São custos que, numa determinada faixa de produção, são fixos, mas que variam se há uma mudança nessa faixa. O quadro abaixo ilustra bem a necessidade de inspetores a depender do volume produzido.

Volume de produção	Quantidade de inspetores	Custo em R$
0 a 30.000	1	6.000,00
30.001 a 60.000	2	12.000,00
60.001 a 90.000	3	18.000,00

7.2 Características dos custos

Se observarmos com atenção a tabela a seguir, veremos que os custos variáveis (CV) são diretamente proporcionais às quantidades produzidas e, obviamente, variam de acordo com essa produção. No entanto, o custo variável unitário (Cvu) é constante, isso porque, se dividirmos o custo variável pela quantidade produzida, encontraremos sempre o mesmo valor (coluna F). Porém, o custo fixo (CF) é, por definição, constante, não importa qual seja o volume de produção (coluna B). Todavia, o custo fixo unitário (Cfu) é sempre decrescente (coluna E). Vamos confirmar:

A	B	C	D	E	F	G
Q	Custo fixo (CF)	Custo variável (CV)	Custo total (CT)	Custo fixo unitário (Cfu = CF/Q)	Custo variável unitário (Cvu = CV/Q)	Custo médio (Cme = Cfu + Cvu)
0	100	0	100	0	0	0
1	100	10	110	100,00	10	110,00
2	100	20	120	50,00	10	60,00
3	100	30	130	33,33	10	43,33
4	100	40	140	25,00	10	35,00
5	100	50	150	20,00	10	30,00
8	100	80	180	12,50	10	22,50
9	100	90	190	11,11	10	21,11
10	100	100	200	10,00	10	20,00
11	100	110	210	9,09	10	19,09
12	100	120	220	8,33	10	18,33
15	100	150	250	6,67	10	16,67

A	B	C	D	E	F	G
Q	Custo fixo (CF)	Custo variável (CV)	Custo total (CT)	Custo fixo unitário (Cfu = CF/Q)	Custo variável unitário (Cvu = CV/Q)	Custo médio (Cme = Cfu + Cvu)
20	100	200	300	5,00	10	15,00
50	100	500	600	2,00	10	12,00
100	100	1000	1100	1,00	10	11,00

CF = 100
CV = 10 × Q (quantidade produzida)

7.3 Expressões comuns na contabilidade de custos

7.3.1 Matéria-prima consumida

Representa a matéria-prima consumida em determinado período. Pode referir-se também a materiais diretos consumidos.

Fórmula:

$$MP\ consumida = EIMP + C - EFMP$$

Onde:

EIMP = Estoque inicial de matéria-prima
C = Compras do período
EFMP = Estoque final de matéria-prima

7.3.2 MOD — mão-de-obra direta

O pagamento de salários, ordenados e honorários que podem ser efetuados com base no tempo trabalhado (hora, dia, semana etc.), inclusive encargos sociais, são denominados MOD. A folha de pagamento do pessoal da fábrica que não é classificada como MOD é denominada mão-de-obra indireta (MOI).

7.3.3 GGF — gastos gerais de fabricação

Em geral, os gastos que não correspondem ao consumo de matéria-prima ou ao pagamento de MOD são chamados de GGF ou CIF (custos indiretos de fabricação). São custos indiretos relativos ao processo de produção cuja incidência no valor do bem não é tão evidente quanto a MOD e a matéria-prima. Exemplos: materiais indiretos, mão-de-obra indireta, combustíveis, manutenção de máquinas, conta de telefone da fábrica, aluguel da fábrica ou de equipamentos, depreciação e seguro da fábrica, imposto predial.

7.3.4 CPP — custos da produção no período

Trata-se da soma dos custos incorridos *no período* dentro da fábrica.

Fórmula:

$$CPP = MP\ consumida + MOD + GGF$$

7.3.5 CPAP — custo da produção acabada no período

É a soma dos custos contidos na produção acabada no período. Pode conter custos de produção de períodos anteriores contidos em unidades que só foram completadas no período atual.

Fórmula:

$$CPAP = EIPE + CPP - EFPE$$

Onde:

EIPE = Estoque inicial de produtos em elaboração
EFPE = Estoque final de produtos em elaboração

7.3.6 Custo primário ou direto

Fórmula:

$$CP = MP + MOD$$

Onde:

MP = Matéria-prima

7.3.7 Custo de transformação ou conversão

Fórmula:

$$Custo\ de\ transformação = MOD + GGF$$

7.3.8 Cpv — custo do produto vendido

Fórmula:

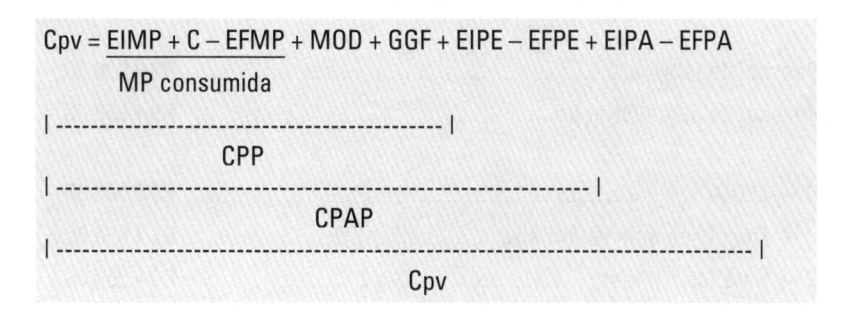

$$Cpv = \underbrace{\underbrace{\underbrace{\underbrace{\underline{EIMP + C - EFMP}}_{\text{MP consumida}} + MOD + GGF}_{CPP} + EIPE - EFPE}_{CPAP} + EIPA - EFPA}_{Cpv}$$

Onde:
EIPA = Estoque inicial de produtos acabados
EFPA = Estoque final de produtos acabados

7.4 Escrituração na contabilidade de custos

7.4.1 Materiais diretos ou matéria-prima

Debitados pela compra de materiais ou matéria-prima.
Creditados pela saída de materiais ou matéria-prima.

Exemplos:

a) Aquisição de matéria-prima a prazo no valor de R$ 1 mil:

D — Matéria-prima	R$ 1.000,00
C — Fornecedores	R$ 1.000,00

b) Requisição de 100 kg de matéria-prima para a produção no valor de R$ 800,00:

D — Produtos em elaboração	R$ 800,00
C — Matéria-prima	R$ 800,00

7.4.2 Mão-de-obra direta

Debitada pela apropriação mensal da folha de pagamento (salários + encargos).
Creditada no fim do período pela transferência para produtos em elaboração.

Exemplos:

a) Apropriação da folha de pagamento (FP) do mês de março (a ser paga no 5º dia útil de abril) nas seguintes proporções:

Pessoal da fábrica...	R$ 2.000,00
Pessoal da administração...................................	R$ 1.850,00

D — MOD...	R$ 2.000,00
D — Despesas com salários................................	R$ 1.850,00
C — Salários a pagar...	R$ 3.850,00

b) Transferência para produtos em elaboração no fim do período:

D — Produtos em elaboração.............................	R$ 2.000,00
C — MOD...	R$ 2.000,00

7.4.3 Gastos gerais de fabricação

Debitados pela apropriação mensal dos gastos.
Creditados no fim do período pela transferência para produtos em elaboração.

Exemplos:

a) Apropriação do consumo de energia elétrica do mês no valor de R$ 280,00, conta a ser efetivamente paga no dia 10 do mês seguinte, conforme discriminação abaixo:

Fábrica...	R$ 200,00
Administração..	R$ 80,00

D — GGF...	R$ 200,00
D — Despesas com energia elétrica..................	R$ 80,00
C — Contas a pagar..	R$ 280,00

b) Transferência para produtos em elaboração no fim do período:

D — Produtos em elaboração.............................	R$ 200,00
C — GGF...	R$ 200,00

7.4.4 Estoque de produtos em elaboração

Debitado pela apuração de *todo* o custo da produção do período (lançamentos 7.4.1.b e 7.4.2/3.b).

Creditado pela conclusão dos produtos e concomitante transferência para produtos acabados.

Exemplo:

a) Transferência para produtos acabados, correspondente à produção acabada no período no valor de R$ 1.800,00:

D — Produtos acabados...	R$ 1.800,00
C — Produtos em elaboração..	R$ 1.800,00

Repare que os custos são 'absorvidos' na conta produtos em elaboração e de lá 'saem' no momento que o produto é terminado, quando então os valores são transferidos para produtos acabados. Só quando ocorrer uma venda é que os valores serão baixados como custo do produto vendido.

7.4.5 Estoque de produtos acabados

Debitado pelo valor dos custos dos produtos acabados (lançamento anterior).
Creditado pelas vendas contra a conta CPV (custo dos produtos vendidos).

Exemplo:
Transferência de produtos acabados para CPV no valor de R$ 1.200,00 referente a uma venda a prazo no valor de R$ 1.950,00.

a) Pelo reconhecimento da venda:

D — Duplicatas a receber..	R$ 1.950,00
C — Receita com vendas...	R$ 1.950,00

b) Pela baixa do estoque de produtos acabados:

D — Cpv...	R$ 1.200,00
C — Produtos acabados..	R$ 1.200,00

7.4.6 Cpv — custo dos produtos vendidos

Debitado pela apropriação do custo e baixa do estoque e por ter ocorrido uma venda (lançamento *b* anterior).

Creditado no encerramento do exercício social contra a conta ARE (apuração do resultado do exercício).

Exemplo:

```
D — ARE.................................................................................. R$ 1.200,00
C — Cpv.................................................................................. R$ 1.200,00
```

Exercício:

Em 1.12.19X8 a indústria Danicar S.A. apresentava o seguinte balancete de verificação*:

CONTAS	SALDO DEVEDOR (R$)	SALDO CREDOR (R$)
Estoque de matéria-prima	100,00	
Receita não-operacional		75,00
Estoque de produto em elaboração	120,00	
Estoque de produtos acabados	80,00	
Capital social		600,00
Seguros pagos antecipadamente	22,00	
Máquinas	230,00	
Duplicatas a receber	300,00	
Receita com vendas		500,00
Despesas com vendas	180,00	
Fornecedores		140,00
Depreciação acumulada		23,00
Reservas de capital		2,00
Lucros acumulados		10,00
CPV	275,00	
Reservas de lucros		50,00
Despesas administrativas	120,00	
Impostos a recolher		30,00
Empréstimos a pagar (CP)		70,00
Caixa	48,00	
Impostos incidentes sobre vendas	25,00	
Total	1.500,00	1.500,00

* Tabela adaptada de Silvério das Neves & Paulo E. V. Viceconti. *Contabilidade de custos*. São Paulo: Frase, 1995.

Ao longo do mês de dezembro ocorreram as seguintes transações:

1) Compra a prazo de matéria-prima pelo valor de R$ 200,00.
2) Apropriação do consumo de energia elétrica do mês. Conta a ser efetivamente paga em 3.1.19X9:

Fábrica	R$ 25,00
Administração comercial	R$ 15,00

3) Requisição de R$ 150,00 de matéria-prima pela produção.
4) Apropriação de serviços de manutenção executados por terceiros. Fatura a ser paga em 10.1.19X9:

Fábrica	R$ 5,00
Administração comercial	R$ 3,00

5) Apropriação da parcela do seguro contra incêndio:

Fábrica	R$ 10,00
Administração comercial	R$ 2,00

6) Folha de pagamento do mês inclui encargos sociais e será paga em 5.1.19X9:

Fábrica		R$ 72,00
MOD	R$ 42,00	
MOD	R$ 30,00	
Administração comercial		R$ 50,00

7) Apropriação da depreciação:

Fábrica	R$ 18,00
Administração comercial	R$ 5,00

8) Transferência de MOD para produtos em elaboração no valor de R$ 42,00.
9) Transferência de GGF para produtos em elaboração no valor de R$ 88,00.
10) Transferência de produtos em elaboração para produtos acabados correspondente à produção acabada no período no valor de R$ 350,00.

11) Vendas à vista no período no valor de R$ 800,00.

Sabendo-se que o estoque final de produtos acabados em 31.12.19X9 importou na quantia de R$ 30,00, pede-se:

- lançamentos no livro diário e no livro razão;
- levantamento da DRE e do balanço patrimonial (IR à alíquota de 15%).

7.5 Custo da mão-de-obra

Uma definição bastante ampla de custo de mão-de-obra pode ser encontrada na obra de Matz, Curry e Frank (*Cost accounting*): "Fundamentalmente, o custo de mão-de-obra consiste na taxa por hora, no salário diário ou semanal, ou no ordenado pago mensalmente aos funcionários. Além do pagamento básico, geralmente alicerçado em uma semana de 40 horas[1], outros elementos entram no custo de mão-de-obra: horas extraordinárias; pagamento de prêmio por trabalho nos feriados, sábados e domingos, nos quais a hora extra não se acha envolvida; bonificações ou diferenciais de turno; incentivos de produção, tais como bonificação de assiduidade, bonificação por tempo de serviço, bonificação pela não ocorrência de acidentes e bonificação de Natal ou de fim de ano; pagamento de férias; custos de aprendizagem ou treinamento; pagamento por demissão ou indenização; pensões por aposentadoria — tudo isso constitui outras facetas do custo da mão-de-obra. Além desses elementos, em geral o custo de mão-de-obra inclui feriados remunerados; remuneração do desemprego; benefícios à velhice e aos sobreviventes; Previdência Social; outros seguros, tais como de vida, acidentes, saúde e acidentes do trabalho; benefícios de hospitalização e cirúrgicos para funcionários e seus dependentes e, em algumas empresas, pagamento quando em serviço no júri e refeições gratuitas. A medida do custo de manutenção de um funcionário em trabalho, em uma hora ou em um dia, deve incluir todos esses elementos onde eles existam".

7.5.1 Cálculo do custo da mão-de-obra

Basicamente são três os componentes do custo de mão-de-obra direta ou indireta nas empresas brasileiras: o salário propriamente dito, as contribuições sociais e os direitos trabalhistas (descanso semanal remunerado, $1/3$ de adicional de férias, 13º salário etc.).

A legislação brasileira atribui percentuais de contribuição às empresas segundo alguns critérios, assim, além da contribuição para a Previdência Social, para o salário-educação, para o Sesi/Senai ou Sesc/Senac, para o Incra e para o FGTS, ainda temos o seguro de acidente de trabalho — ou seja, para empresas classificadas como risco leve, mais 1% de acréscimo; risco médio, mais 2%; risco grave, mais 3%. Resumindo, teremos:

---

1 No Brasil, pela Constituição de 1988, temos um máximo de 44 horas semanais.

a) Contribuição para a Previdência Social   20%
b) Seguro de acidente de trabalho
   Risco leve   1%
   Risco médio   2%
   Risco grave   3%
c) Salário-educação   2,5%
d) Sesi/Senai ou Sesc/Senac   2,5%
e) Incra   0,2%
f) FGTS (Fundo de Garantia por Tempo de Serviço) 8,0%
g) Sebrae   0,6%

Todos esses percentuais são calculados sobre o salário bruto dos empregados. Exemplificando:[2]

Vamos supor que um operário seja contratado com um salário de R$ 4,30 por hora trabalhada. Como a jornada de trabalho prevista na Constituição Federal é de 44 horas semanais, temos que, em média, esse operário irá trabalhar 7,3333333 horas/dia ou 44 horas divididas por seis dias da semana. O descanso semanal remunerado é pago também na base de 7,33 horas/dia.

Cálculo do custo anual

ITEM	CÁLCULO	R$
Salários	[(335 dias × 7,333 horas) × R$ 4,30]	10.563,67
Férias	[(30 dias × 7,333 horas) × R$ 4,30]	946,00
Adicional de férias $1/_3$ s/ férias	$1/_3$ × 946,00	315,00
13º salário	(220 horas × R$ 4,30)*	946,00
Remuneração total		12.771,00
CONTRIBUIÇÕES SOCIAIS		
INSS	20%	
Senai/Sesi	2,5%	
Salário-educação	2,5%	
Sebrae	0,6%	
Acidente de trabalho	1%	
Incra	0,2%	
FGTS	8%	
Total	34,8% sobre R$ 12.771,00 =	R$ 4.444,30
Custo total da folha		R$ 17.215,30

* 7,333 horas × 30 = 220 horas.

---

[2] Baseado em Silvério das Neves & Paulo E. V. Viceconti. Contabilidade de custos. 3. ed. São Paulo: Frase, 1995.

Vamos agora calcular o custo por hora efetivamente trabalhada pelo operário de nossa fábrica:

Número total de dias no ano	365
(−)Domingos	(48)
(−)Férias	(30)
(−)Feriados	(12)
(=)Dias úteis à disposição da empresa	275
Horas de trabalho no ano: 275 dias × 7,33 horas = 2.016,7 horas	
Custo por hora = Gasto total/Horas de trabalho no ano: **R$ 17.215,30/2.016,7 horas = R$ 8,54/hora***	
Os encargos sociais e os direitos trabalhistas elevaram o salário/hora em 98,6% {[(R$ 8,54/R$ 4,30) − 1] × 100}.	

* Este é um número próximo do real, pois não foram computadas licença-paternidade, licença-gala e outras.

7.6 Contabilização da folha de pagamento

A folha de pagamento de uma indústria contempla o total a ser desembolsado com os empregados e com os órgãos governamentais. Trata-se de uma folha única, elaborada tanto para o pessoal da fábrica quanto para o pessoal do escritório. Devemos lembrar que os gastos relacionados ao pessoal da área administrativa, da área comercial e da área de vendas são levados a resultado como **despesas**, independentemente de haver uma venda de mercadorias ou produtos acabados. No entanto, os gastos com pessoal da fábrica, seja **MOD** ou **MOI**, são considerados **custos** e só são levados a resultado quando ocorrer uma venda.

A seguir, exemplo simplificado de uma folha de pagamento[3]

PESSOAL	SALÁRIO BRUTO (R$)	CONTRIBUIÇÕES PREVIDENCIÁRIAS		IR FONTE (R$)	SALÁRIO LÍQUIDO (R$)
		EMPREGADOR (R$)	EMPREGADO (R$)		
Produção	200.000,00	70.000,00	20.000,00	30.000,00	150.000,00
• MOD	120.000,00	42.000,00	12.000,00	18.000,00	90.000,00
• MOI	80.000,00	28.000,00	8.000,00	12.000,00	60.000,00
Administração	100.000,00	35.000,00	10.000,00	15.000,00	75.000,00
Total	300.000,00	105.000,00	30.000,00	45.000,00	225.000,00

---
3 Baseado em Silvério das Neves & Paulo E. V. Viceconti, obra citada, p. 37.

Contas envolvidas na contabilização:

CONTAS	CATEGORIA	VAI PARA...
Mão-de-obra direta	Custo	Resultado se houver venda
Mão-de-obra indireta	Custo	Resultado se houver venda
Despesas com salários	Despesa	Resultado, com ou sem venda
Despesas com contribuições previdenciárias	Despesa	Resultado, com ou sem venda
Salários a pagar	Patrimonial	Passivo circulante
Contribuições previdenciárias a recolher	Patrimonial	Passivo circulante
IR fonte a recolher	Patrimonial	Passivo circulante

Contabilização:			
D	Mão-de-obra direta (Salário + Contribuição previdenciária do empregador)	162.000,00	
D	Mão-de-obra indireta (Salário + Contribuição previdenciária do empregador)	108.000,00	
D	Despesas com salários	100.000,00	
D	Despesas com contribuições previdenciárias	35.000,00	405.000,00
C	Salários a pagar (folha líquida)	225.000,00	
C	Contribuição previdenciária a recolher (Empregado + Empregador)	135.000,00	
C	IR fonte a recolher	45.000,00	405.000,00

7.7 Métodos de custeio

Custeio significa método de apropriação de custos. Apesar de existirem vários métodos de custeio ou de se apurar custos, apresentaremos a seguir dois dos métodos mais importantes para o analista de custos. São eles: o custeio por absorção e o custeio variável ou direto.

7.7.1 Custeio por absorção

Custeio por absorção significa a apropriação aos produtos fabricados pela empresa, de todos os custos incorridos no processo de fabricação, quer sejam custos fixos ou variáveis. Essa forma de custeio atende à legislação fiscal, pois 'respeita' os princípios fundamentais de contabilidade. Vale destacar que, quando obedecido o sistema de custeio por absorção, todos os custos classificados como fixos, identificando, normalmente, os chamados GGF (gastos gerais de fabricação) ou CIF (custos indiretos de fabricação), farão parte do custo dos produtos fabricados e serão transferidos contabilmente para a conta de estoque de produtos acabados.

O método de custeio por absorção deixa a desejar como instrumento gerencial de tomada de decisão, pois tem como premissa básica os rateios dos chamados custos fixos, que, apesar de apresentarem critérios científicos para suas estimativas, ainda assim poderão levar a alocações arbitrárias e até mesmo enganosas.

7.7.1.1 Problemas de preços com base no sistema de absorção

a) Fixação de preços sem conhecimento da margem de contribuição de cada produto vendido.
b) Fixação de preços sem conhecimento do *mix* mais adequado de produção e vendas.
c) Utilização de critérios de rateio nem sempre objetivos.

7.7.2 Custeio variável ou direto

Este método contempla uma apropriação de caráter gerencial, na qual são considerados apenas os custos variáveis dos produtos vendidos — os custos fixos ficam apartados e são tratados como despesas do período, indo diretamente para o resultado. Este método possibilita a apuração da margem de contribuição, que nada mais é que o reconhecimento de quanto cada unidade de um produto fabricado e comercializado contribui para cobrir os custos fixos da empresa. No custeio variável os custos fixos são tratados como custos do período contábil, não fazendo, portanto, parte do custo de produção. Sua apropriação, sendo efetuada diretamente às contas de resultado do período contábil, dispensará a necessidade de rateio dos valores. Em resumo, este método considera apenas os custos variáveis de produção e de comercialização do produto ou serviço, sejam tais custos diretos ou indiretos.

7.7.2.1 Vantagens do sistema de custeio variável

a) Não há variações nos resultados decorrentes dos volumes de produção e vendas *versus* absorção de custos fixos do período.

b) Conhecimento da margem de contribuição efetiva de cada produto ou linha de produto.
c) Permite a identificação do *mix* mais adequado de vendas.
d) Racionalização dos trabalhos de custos em face da eliminação das operações contábeis de rateio de custos fixos de produção.

7.7.2.2 Desvantagens do sistema de custeio variável

a) Não é aceito pela legislação do imposto de renda.
b) Desconsidera os princípios fundamentais de contabilidade, daí não ser aceito pelas auditorias independentes.
c) Não há diferimento dos custos fixos por meio de produtos mantidos em estoque ou no processo de fabricação no fim de cada período contábil, o que provoca variações nos resultados.
d) Dificuldade quanto à identificação de custos de comportamento efetivamente variáveis.
e) Resultados divergentes daqueles de natureza contábil publicados pela empresa.

Finalmente, vale lembrar que, quando da análise e avaliação das críticas acima, devemos ter em mente que o sistema de custeio direto ou variável se destaca como um *instrumento gerencial* a ser tratado de forma extracontábil.

7.8 Margem de contribuição

Vimos que as empresas incorrem em gastos variáveis e fixos na execução de suas várias atividades operacionais, comerciais e administrativas. A correta identificação e separação dos gastos em fixos e variáveis permitirá a obtenção e a análise da margem de contribuição dos produtos e/ou dos departamentos de toda a empresa. Assim, margem de contribuição é a diferença entre o preço de venda e a soma das despesas e custos variáveis de um produto ou serviço. A margem de contribuição representa, na verdade, um parâmetro que nos indica a capacidade de cobertura dos custos fixos para determinado produto ou departamento. Exemplo:

DEMONSTRAÇÃO DA MARGEM DE CONTRIBUIÇÃO E DO RESULTADO DO PERÍODO	R$
Receita total (Preço unitário de venda × Quantidade vendida)	40.000,00
(–)Total das despesas variáveis	(5.000,00)
(–)Total dos custos variáveis	(17.000,00)
= Margem de contribuição	18.000,00
(–)Despesas fixas	(2.000,00)
(–)Custos fixos	(11.000,00)
= Lucro da empresa	5.000,00

A margem de contribuição pode ser apurada para cada produto manufaturado e vendido pela empresa, ou por departamento, divisão, filial de vendas etc. Vimos então que a margem de contribuição é o preço de venda de um produto vezes a quantidade vendida, menos os seus custos e despesas variáveis, podendo ser assim formulada:

$$MC = RT - CDV$$

Onde:

MC = Margem de contribuição
RT = Receita total
CDV = Custos e despesas variáveis

Repare que, se estabelecermos a seguinte relação: **MC/RT**, no caso (R$ 18 mil/ R$ 40 mil), encontraremos o valor de R$ 0,45 e poderemos concluir que, a cada R$ 1,00 vendido, sobram R$ 0, 45 para amortizar os demais custos e despesas fixas.

7.8.1 Análise da margem de contribuição

Essa análise permitirá a obtenção de importantes informações para a tomada de decisão. Exemplos:

- Quais são os produtos mais lucrativos?
- Qual é o produto produzido ou serviço prestado que mais contribui para a recuperação das despesas e custos fixos e para o lucro da empresa?
- Quais são os produtos deficitários?

Conseqüentemente, essa análise dará subsídios para a tomada de importantes decisões relacionadas ao *mix* de produção e de vendas, tais como:

- Qual o produto cuja produção e venda devem ser incrementadas?
- Quais os produtos que menos contribuem e devem ser eliminados?
- Qual o valor dos descontos que podem ser concedidos sobre o preço de venda sem prejudicar sensivelmente a apuração da margem de contribuição?

Exemplo:

CONTAS	TIPO DE PRODUTOS (R$)		
	A	B	C
Preço de venda por unidade	900,00	600,00	400,00
(–)Despesas variáveis			
Comissão de vendedores	50,00	30,00	20,00
Impostos	100,00	50,00	30,00
Assistência técnica	30,00	10,00	5,00

CONTAS	TIPO DE PRODUTOS (R$)		
	A	B	C
(–)Custos variáveis de produção			
Matérias-primas	290,00	130,00	115,00
Materiais de embalagem	30,00	10,00	10,00
Mão-de-obra direta	220,00	170,00	160,00
= Total das despesas e custos variáveis	720,00	400,00	340,00
Margem de contribuição em R$	180,00	200,00	60,00
Margem de contribuição em %	20%	33,3%	15%

Observe que o produto com a maior margem de contribuição — e, portanto, aquele que mais contribui para a cobertura dos custos e despesas fixas — é o produto B, com uma margem de R$ 200,00 para cada unidade, ou 33,3% do preço de venda. Já o produto C é o que menos contribui, com apenas R$ 60,00 para cada unidade vendida, ou 15% do seu preço de venda.

7.9 Relações custo/volume/lucro — ponto de equilíbrio

Esta análise é utilizada para verificar o lucro que seria obtido em níveis diversos de vendas e de produção. Trata-se de um instrumento que visa determinar a relação entre o lucro ou o prejuízo e seu nível de atividade. Tal relação é encontrada a partir dos custos fixos, dos custos variáveis e das receitas de vendas para cada nível possível de atividade. O ponto de equilíbrio nada mais é que o nível mínimo de atividade da empresa no qual suas receitas e despesas se equilibram. Sabemos que o custo variável (CV) varia conforme o aumento no volume da produção, todavia, o custo variável unitário (Cvu) é constante qualquer que seja o volume da produção. Vamos admitir que determinado produto tenha R$ 6,00 de Cvu e R$ 1 mil de CF (custo fixo). Os demais custos assumiriam os seguintes valores:

QUANTIDADE PRODUZIDA Q	CF	CV	CT = CF + CV	Cfu = CF/Q	Cvu = CV/Q	Cme Cfu + Cvu
Zero	1.000,00	–	1.000,00	–	–	–
50	1.000,00	300,00	1.300,00	20,00	6,00	26,00
100	1.000,00	600,00	1.600,00	10,00	6,00	16,00
150	1.000,00	900,00	1.900,00	6,66	6,00	12,66
200	1.000,00	1.200,00	2.200,00	5,00	6,00	11,00
250	1.000,00	1.500,00	2.500,00	4,00	6,00	10,00
300	1.000,00	1.800,00	2.800,00	3,33	6,00	9,33

Repare que o Cvu é constante para qualquer nível de produção, mas o custo variável a cada 50 unidades produzidas aumenta em R$ 300,00 (R$ 6,00 × 50Q). Repare ainda: o Cfu diminui à medida que a produção aumenta. Essa diluição dos custos fixos, com o aumento das unidades produzidas, é classicamente chamada de 'economia de escala'. A grande questão que nos parece razoável responder neste momento é a seguinte: Quanto deveremos ter de receita com vendas ou qual será o preço unitário de venda para que possamos 'zerar' nossos custos fixos e variáveis? Vejamos as figuras a seguir:

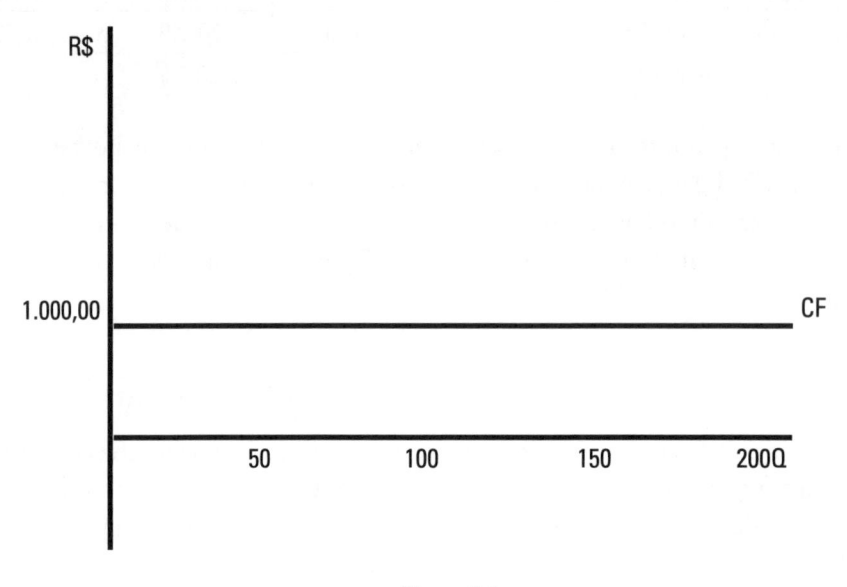

Figura 7.1

Observe que produzindo 50, 100 ou 200 quantidades (Q) do produto o custo não se altera, permanecendo em R$ 1 mil. Este é o conceito de custo fixo: um tipo de custo que, no total, não se altera com a quantidade produzida.

Na Figura 7.2, temos três retas: CF (custo fixo), CT (custo total) e RT (receita total). Observe o seguinte: até atingir 250 quantidades vendidas, a reta RT permanece abaixo da reta CT, indicando que a empresa incorrerá em prejuízo se qualquer quantidade vendida for menor que 250. No ponto de equilíbrio (PE) a empresa vende as 250 quantidades e apura uma receita de R$ 2.500,00 (preço unitário de venda igual a R$ 10,00). Os custos fixos importam na quantia de R$ 1 mil (para qualquer nível de produção). Os custos variáveis chegam a R$ 1.500,00 (250Q × R$ 6,00 de Cvu). Repare que no PE a empresa zerou seus custos, ou seja, tudo que ela vender acima do PE será lucro. Assim, o PE representa a quantidade mínima que uma empresa deve produzir para que não incorra em prejuízo.

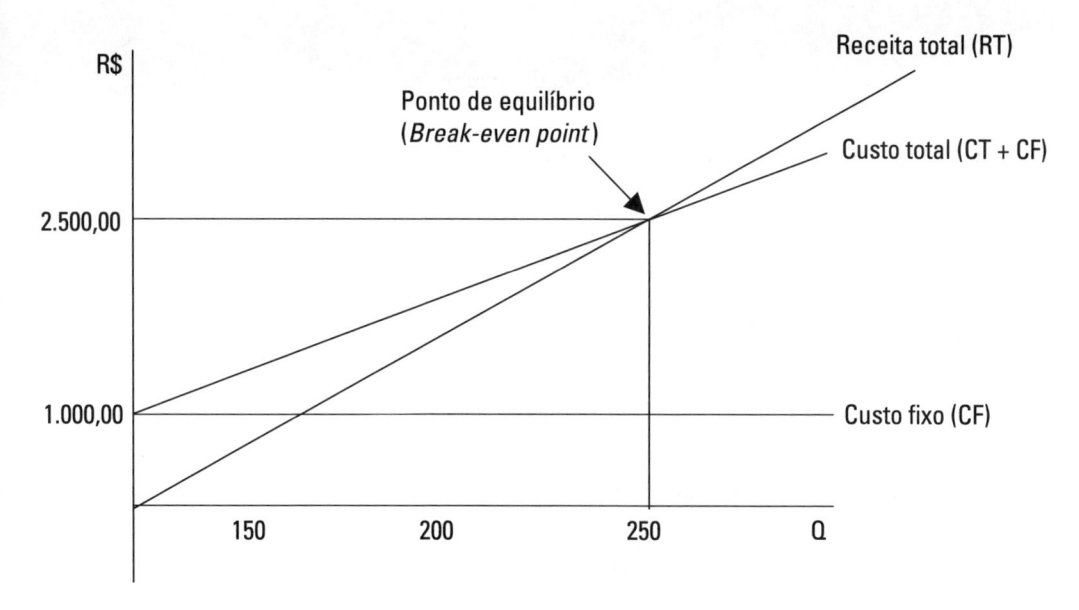

Figura 7.2

Sabemos que o custo total (CT) pode ser encontrado pela fórmula a seguir. Assim, algebricamente teríamos:

$$CT = CF + (Cvu \times Q)$$

Onde:

CF = Custo fixo
Cvu = Custo variável unitário
Q = Quantidade produzida

Sabemos também que a receita total pode ser encontrada da seguinte forma:

$$RT = Pvu \times Q$$

Onde:

Pvu = Preço de venda unitário
Q = Quantidade produzida

Assim, se quisermos saber 'quanto de receita' será necessário para zerarmos nossos custos fixos e variáveis, teríamos:

$$CT = RT$$

Ou:

$$CF + Cvu.Q = Pvu.Q$$

Ora, se CF + Cvu.Q = Pvu.Q, levando o Pvu.Q para o primeiro membro da equação, teremos:

$$Cvu.Q - Pvu.Q = -CF$$

Multiplicando por –1 teremos:

$$Pvu.Q - Cvu.Q = CF$$

Colocando Q em evidência teremos:

$$Q(Pvu - Cvu) = CF$$

Onde:

$$PEQ^* = \frac{CF\,(1)}{Pvu - Cvu}$$

*PEQ = Ponto de equilíbrio em quantidades

O denominador da fórmula é a chamada margem de contribuição unitária (Mcu). Essa margem de contribuição também é chamada de **receita marginal**.

Bem, vale novamente enfatizar que a "análise das relações custo/volume/lucro pode ser utilizada para projetar o lucro que seria obtido a diversos níveis possíveis de produção e vendas, bem como para analisar o impacto sobre o lucro de modificações no preço de venda, nos custos ou em ambos".[4] Por meio desse tipo de análise pode-se estabelecer qual a quantidade mínima que a empresa deverá produzir e vender para que não incorra em prejuízo.

Sabemos encontrar o PE em quantidade (PEQ), mas como encontrar o PE em R$? Ora, basta multiplicar a quantidade encontrada pelo preço de venda unitário. Vejamos com dados do exemplo anterior:

PEQ = CF/Pvu – Cvu
PEQ = R$ 1.000,00/R$ 10,00 – R$ 6,00
PEQ = 250 quantidades
PE$ = 250 × R$ 10,00 = R$ 2.500,00

---

4 Silvério das Neves & Paulo E. Viceconti, obra citada, p. 153.

Provando matematicamente:

$$PE\$ = PEQ \times Pvu$$

Ou:

$$PE\$ = [(Pvu - Cvu)] \times Pvu$$

Ou rearranjando:

$$PE\$ = \{CF/[(Pvu - Cvu)/Pvu]\}$$

Como sabemos que Pvu – Cvu é igual a Mcu, teremos:

$$PE\$ = CF/(Mcu/Pvu)$$

Sendo:

Mcu = Margem de contribuição unitária

PE$ = R$ 1.000,00/(R$ 4,00/R$ 10,00) ⟶ R$ 2.500,00

8 Introdução à análise de balanços

CAPÍTULO

Por meio das demonstrações contábeis, também chamadas de demonstrações financeiras, pode-se extrair um número significativo de informações, as quais propiciarão, segundo os objetivos da análise, a *tomada de decisão* do analista. Todo o processo funciona mais ou menos da seguinte forma: os fatos ou eventos econômico-financeiros ocorridos em qualquer entidade passam pelo processo contábil, são compilados em demonstrações que nada mais são, conforme já vimos, que relatórios padronizados, sofrem uma técnica de análise e aí, sim, transformam-se em informações econômico-financeiras para a tomada de decisões.

De maneira geral, a análise de balanços visa relatar:

- a posição econômico-financeira atual;
- causas que determinaram a evolução ou involução da empresa;
- as tendências futuras (projeções);
- a eficiência ou ineficiência na utilização dos recursos;
- evidências de erros e acertos da administração;
- adequação ou inadequação das origens (capital próprio e capital de terceiros) às aplicações de recursos (destino dos recursos, ou seja, de que maneira os recursos foram aplicados).

8.1 A importância da análise de balanços

Conforme o objetivo traçado, a análise de balanços poderá ser classificada em a) análise interna, que interessa diretamente ao proprietário e/ou aos administradores, e b) análise externa, que diz respeito aos credores, aos investidores, ao governo e aos financiadores. O analista interno, aquele que atua no interior da empresa (um executivo, um consultor, um dos proprietários), analisa a situação atual e as perspectivas futuras para estabelecer o modo de agir mais apropriado. É evidente que a obtenção de informações é particularmente favorecida, uma vez que esse indivíduo tem livre acesso a todas as fontes disponíveis. O analista externo, ao contrário, procura avaliar a tendência da empresa ao equilíbrio, a fim de decidir sobre o início das relações ou a manutenção destas. No que tange à obtenção de informações, a posição do analista externo é bem menos favorável, pois ele não tem acesso direto às fontes de informação, daí a necessidade de, sempre que possível, apelar para os responsáveis pela empresa analisada, a fim de conseguir os detalhes e esclarecimentos necessários, pois estes não foram caracterizados nas demonstrações a que teve acesso.

No processo de avaliação, cada analista/usuário identificará detalhes específicos e tirará conclusões próprias — em alguns casos, até mesmo não coincidentes. Assim, tanto o analista interno quanto o externo 'usam' a análise de balanços para atender a objetivos diferentes e específicos. Vejamos alguns deles:

- avaliação da capacidade de pagamento da empresa a curto e longo prazos;
- avaliação de investimentos em ações negociáveis na bolsa de valores;
- análise das demonstrações para fins de alienação, fusão, cisão, incorporação ou associação de empresas;
- análise de rentabilidade;
- análise de situação patrimonial, econômica e financeira da empresa.

8.2 Limitações da análise de balanços

Deve-se reconhecer que a análise de balanços apresenta certas limitações: mesmo quando só aponta problemas a serem investigados transforma-se em um poderoso instrumento de controle da administração das empresas. Dois fatores precisam ser levados em conta numa análise:

- a temporalidade das operações deve ser elaborada à vista de diversos demonstrativos contábeis, em seqüência cronológica, a fim de constatar as tendências e a evolução da empresa;
- a análise de balanços deve ser comparativa, observando-se o desempenho da empresa analisada com outras empresas do mesmo ramo de atividade.

Mesmo atentando para os fatores antes mencionados, ainda é preciso observar que as demonstrações contábeis são levantadas de acordo com regras, leis e normas perfeitamente estabelecidas, e que, dependendo dos objetivos da análise, podem levar o analista a conclusões equivocadas. Alguns exemplos merecem ser citados:

- registros contábeis com base em valores históricos, ou seja, diferentes preços de realização;
- subjetividade das despesas geradas pelo conservadorismo ('custo ou mercado, o que for menor');
- postulado da continuidade (ver a empresa como 'algo em andamento'), que nos faz mensurar o valor dos ativos em relação ao custo menos a depreciação, muito

embora, se a empresa interromper suas atividades num dado momento, o valor real desses ativos possa ser completamente diferente;
* a consideração da 'realização da receita', ou seja, a receita é considerada 'realizada' só quando os produtos ou serviços são colocados à disposição do cliente.

Em resumo, não se pode pretender que a análise de balanços seja infalível, posto que a geração dos dados para a formação das demonstrações contábeis sofre forte influência de juízos e de subjetivismos que devem ser atentamente observados pelo analista.

8.3 Técnicas utilizadas na análise

8.3.1 Análise vertical ou de composição

Trata-se de um tipo de análise que evidencia a participação relativa de cada elemento patrimonial, bem como dos resultados, apontando, dessa forma, as tendências da empresa. Tal participação relativa é obtida por meio do percentual de cada item do balanço patrimonial ou da demonstração de resultado do exercício em relação ao total do grupo do qual o respectivo item faça parte. Exemplo:

Tabela 8.1

Grupos de contas	20X1	AV%	20X2	AV%	20X3	AV%
Ativo circulante	100	28,6	150	36,6	130	33,3
Realizável a longo prazo	20	5,7	21	51	18	4,6
Ativo permanente	230	65,7	259	58,3	242	62,1
Ativo total	350	100%	410	100%	390	100%

AV — Análise vertical do ativo circulante = [(100/350) × 100] = 28,6%.

Interpretação da Tabela 8.1 para o AC: em 20X1, o AC representava 28,6% do ativo total da empresa, subindo para 36,6% no ano seguinte, apresentando, em 20X3, uma queda, passando a representar 33,3%.

A análise vertical tem como objetivo apontar a importância de cada conta, grupo ou subgrupo em relação à demonstração contábil a que esteja inserida e, por meio da comparação com padrões do ramo ou com percentuais da própria empresa em anos anteriores, concluir se há itens fora das proporções normais.

Na análise vertical o analista deve estar muito atento aos efeitos da inflação e considerar, dentre outros aspectos:

No balanço patrimonial:

- estoques muito antigos;
- valores elevados em ativos e passivos não monetários (despesas antecipadas, adiantamentos a fornecedores, adiantamentos a clientes, resultados de exercícios futuros etc.).

Na DRE:

- receitas e despesas são acumuladas ao longo dos exercícios pelos seus valores nominais, somando-se valores com diferentes graus de poder aquisitivo. Por exemplo, a receita de janeiro que é demonstrada em dezembro;
- o CMV ou CPV normalmente estarão subavaliados por conta da não-correção dos estoques.

8.3.2 Análise horizontal ou de evolução

Enquanto na análise vertical obtemos um percentual do valor de cada componente em relação ao total do grupo ou subgrupo analisado, na análise horizontal é obtido um número índice ou uma variação percentual que representa a tendência temporal dos itens analisados em relação ao período que será tomado como *base*. Portanto, só poderá existir análise horizontal se tivermos no mínimo valores ou índices de dois períodos.

Tabela 8.2

Grupos de contas	19X1	AV	AH	19X2	AV	AH	19X3	AV	AH
Ativo circulante	100	28,6	–	150	34,9	150,0	130	33,3	130,0
Realizável a longo prazo	20	5,7	–	21	4,9	105,0	18	4,6	90,0
Ativo permanente	230	65,7	–	259	60,2	112,6	242	62,1	105,2
Ativo total	350	100	–	430	100	122,8	390	100	111,4

Deve-se atentar para o fato de que, na construção dos percentuais para a elaboração da análise horizontal, se usa a técnica dos números-índice, na qual, no primeiro ano, todos os valores são considerados iguais a cem e, por intermédio de regra de três, obtêm-se os valores dos anos seguintes — a variação é o que exceder a cem ou o que faltar para chegar a cem. Por exemplo: o ativo circulante em 19X2 apresenta índice 150; isso significa que, em relação à base (19X1), houve um crescimento de 50%. Para o realizável a longo prazo em 19X3, houve uma redução de 10% em relação à base. Na dúvida, use a seguinte fórmula: [(ano anterior ou ano mais atual/ano base) × 100] = nº índice. Se diminuirmos o nº índice de cem, encontraremos a variação percentual que procuramos.

Há um tipo de análise horizontal que considera a base o período imediatamente anterior: a análise horizontal período a período. Nesse tipo de análise, o período considerado como base é sempre o período anterior. Trata-se de um tipo de análise muito útil, porém, deve ser efetuada com alguns cuidados e jamais em substituição ao processo de tomar como base o primeiro período. Vejamos por quê:

Tabela 8.3

CONTA	19X1	AH	19X2	AH	19X3	AH	19X4	AH
Estoques	4.000	–	1.600	40,0	2.800	70,0	4.000	100,0

Vamos tomar como base o ano de 19X1 da tabela acima. Podemos concluir que em 19X2 os estoques representam apenas 40% da base (1.600/4.000 × 100), ou que houve uma redução de 60% em relação a essa mesma base. Em 19X3, os estoques representam 70% da base, ou diminuíram 30%. Em 19X4, os estoques voltaram ao nível inicial. Vamos agora analisar a evolução dos estoques tomando como base cada período anterior:

Tabela 8.4

CONTA	19X1	AH	19X2	AH	19X3	AH	19X4	AH
Estoques	4.000	–	1.600	40,0	2.800	175,0	4.000	142,8

Segundo as conclusões desses cálculos, a empresa sofreu uma redução de 60% no seu estoque no primeiro ano e apresentou aumentos sucessivos de 75% e 42,8% nos dois anos seguintes. Podemos ser tentados a acreditar que a redução inicial foi inteiramente compensada nos anos seguintes. Um engano, pois a redução de 19X2 foi calculada em relação a uma base muito maior que as utilizadas para os crescimentos havidos em 19X3 e 19X4. Atenção, portanto, à 'magia' dos números proporcionada por uso equivocado dos valores encontrados.

A análise horizontal tem como objetivo principal indicar a evolução de cada conta das demonstrações contábeis e, pela comparação entre cada uma dessas contas, permitir tirar conclusões sobre a evolução da empresa, no entanto, da mesma forma que na análise vertical, devemos estar atentos aos efeitos inflacionários. Tomemos o seguinte exemplo como base para nossa análise:

Tabela 8.5

Grupos de contas	19X4	AV	AH	19X5	AV	AH	19X6	AV	AH
AC	65.235	34,3	–	80.533	34,2	123,4	105.680	38,3	162,0
RLP	38.214	20,1	–	40.201	17,1	105,0	38.925	14,1	101,8
AP	86.718	45,6	–	114.467	48,7	132,0	132.324	48,0	152,6
Ativo total	190.167	100	–	235.201	100	123,7	275.929	100	145,1

Admita ainda que o IGPM (Índice Geral de Preços do Mercado, um dos indicadores de variação de preços utilizado no Brasil e apurado pela FGV) tenha assumido os seguintes valores:

Tabela 8.6

Ano	IGPM	Variação no ano	Fórmula
19X3	114,524	–	–
19X4	125,977	10%	{[(125,977/114,524) – 1] × 100}
19X5	151,175	20%	{[(151,175/125,977) – 1] × 100}
19X6	173,844	15%	{[(173,844/151,175) – 1] × 100}

Surge agora uma grande dúvida: Será que com a inflação (IGPM) a análise fica comprometida? Repare que na análise horizontal estamos comparando valores de um mesmo grupo de contas em anos sucessivos e, é lógico, em moeda de diferente poder aquisitivo, comprometendo, assim, as conclusões da análise. Faz-se necessário eliminar as variações devidas à inflação. Para tanto, podemos usar um **inflator** ou um **deflator**. O primeiro corrige os valores. O segundo expurga a inflação dos valores. A técnica mais recomendada é converter os valores em moeda do período mais atual (o mais próximo da data da análise), ou seja, inflacionar os valores referentes aos períodos do passado, trazendo-os para moeda de idêntico poder aquisitivo do período mais atual. Vejamos como ficaria a análise corrigindo-se os valores do ativo:

Tabela 8.7

Grupos de contas	Em moeda de dez./19X6					
	19X4	AH	19X5	AH	19X6	AH
AC	90.024	–	92.613	102,8	105.680	117,4
RLP	52.735	–	46.231	87,7	37.925	71,9
AP	119.671	–	131.637	110,0	132.324	1.110,6
Ativo total	262.430	–	270.481	103,1	275.929	105,1

Usando inflatores no ativo circulante (AC):

$(65.235 \times 1,20 \times 1,15) = 90.024 - X4 \to X6$
$(80.533 \times 1,15) \qquad = 92.613 - X5 \to X6$

Repare: em 19X5 houve uma variação *nominal* de 23,4% no AC em relação a 19X4. No entanto, a variação *real* foi de apenas 2,8%. No ano de 19X6, em relação a 19X4, a variação nominal foi de 62%; a real, de 17,4%. Fica fácil observar que sob condições inflacionárias, os dados da análise horizontal estarão distorcidos. Aplicando inflatores, homogeneizamos os valores nominais e tornamos a análise mais próxima da realidade.

Vamos ver como fica nossa análise usando deflatores:

Tabela 8.8

Circulante	19X4	AH	19X5	AH	19X6	AH
Valores nominais	65.235	–	80.533	123,4	105.680	162,0
Valores deflacionados	65.235	–	67.110	102,8	76.580	117,4

Memória de cálculo:

$19 \times 6 = < 105.680/(1,15 \times 1,20) = 76.580$ (X4 ← X6)
$19 \times 5 = < 80.533/1,20 = 67.110$ (X5 ← X6)

Uma forma mais simples de deflacionamento seria construir a seguinte tabela:

Tabela 8.9

	Circulante	19X4	19X5	19X6
A	AH dos valores nominais	100	123,4	162,0
B	AH do IGPM	100	120,0	138,0
C	Deflacionamento (A/B × 100)	–	102,8	117,4

Como se vê, os resultados são idênticos. A questão é puramente de método ou de critério do analista.

8.3.3 Análises por meio de índices ou quocientes

Trata-se de um método analítico por meio do qual se comparam dois valores patrimoniais, dividindo-se um pelo outro. Esse tipo de análise estabelece a relação entre dois fatores de elementos afins das demonstrações contábeis, indicando quantas vezes um contém o outro, ou a proporção de um em relação ao outro. Quando a comparação é feita entre uma parte e um total, o resultado obtido também pode ser aplicado sob a forma percentual (%), que é a forma mais elementar e mais intuitiva de comparação de valores numéricos. Existem diversos índices ou quocientes úteis para o processo de análise. Neste livro classificaremos tais índices ou quocientes nos seguintes grupos: liquidez, operacional, rentabilidade, endividamento e estrutura e análise de ações (índices de mercado).

Visando extrair melhores resultados, devemos adotar alguns procedimentos preliminares para o desenvolvimento de uma análise correta, a saber:

a) Se as demonstrações contábeis analisadas não estiverem sendo apresentadas em moedas de mesmo poder aquisitivo, devemos eliminar as distorções provocadas pela inflação nos valores inscritos naquelas peças contábeis.

b) Reclassificar algumas contas do balanço patrimonial e da demonstração do resultado. Exemplos:

b.1) Duplicatas descontadas: representam, rigorosamente, obrigação financeira da empresa, devendo, portanto, ser reclassificadas para o passivo circulante.

b.2) Resultado de exercícios futuros: representam recursos próprios da empresa; logo, devem ser reclassificadas para o patrimônio líquido.

b.3) Despesas diferidas: representam despesas contraídas e já liquidadas; afetarão os resultados de exercícios subseqüentes, daí alguns analistas deduzirem do patrimônio líquido o valor do ativo diferido.

b.4) Despesas e receitas financeiras: considerar, para efeito de análise, tais despesas e receitas como *não-operacionais*.

8.4 Indicadores econômico-financeiros

8.4.1 Índices de liquidez

Tais índices evidenciam a situação financeira de uma empresa diante de seus diversos compromissos passivos.

Liquidez corrente

Revela quanto a empresa possui em termos de disponibilidade imediata e direitos de curto prazo para cada Real de dívida circulante (curto prazo). Se esse índice for superior a 1, indica a existência de capital circulante líquido (AC – PC = CCL) positivo; igual a 1 significa que o CCL é igual a zero; inferior a 1 indica que a empresa está operando com o capital circulante líquido negativo.

Cabe lembrar que existem, pelo menos, dois aspectos limitativos em relação à análise desse índice:

- O índice não revela a quantidade dos itens do ativo circulante, ou seja, se há obsolescência dos estoques, se os estoques estão sub ou superavaliados, se os títulos a receber são totalmente recebíveis.

- O índice também não revela se as datas de realização dos ativos e dos pagamentos das dívidas vincendas são compatíveis, ou seja, se os recebimentos ocorrerão em tempo suficiente para o pagamento das dívidas.

Fórmula:

$$LC = AC/PC$$

Onde:

LC = liquidez corrente
AC = ativo circulante
PC = passivo circulante

Exemplo:

AC = R$ 1.200,00
PC = R$ 800,00
LC = (R$ 1.200,00/R$ 800,00) = R$ 1,50

Interpretação: para cada R$ 1,00 de dívida, há R$ 1,50 de disponibilidades e valores a receber. Quanto maior, melhor.

Liquidez seca

Este índice supõe que as dívidas a curto prazo serão atendidas principalmente pela realização das duplicatas a receber e pela utilização das disponibilidades. É uma forma de o analista eliminar as influências e distorções nos critérios de avaliação dos estoques.

Fórmula:

$$LS = [AC - (Estoques + Despesas\ antecipadas)]/PC$$

Onde:
LS = liquidez seca
AC = ativo circulante
PC = passivo circulante

Exemplo:

AC = R$ 1.200,00
PC = R$ 800,00
Estoque = R$ 360,00
Despesas antecipadas = R$ 96,00

$$LS = \frac{R\$\ 1.200.00 - (R\$\ 360,00 + R\$\ 96,00)}{R\$\ 800,00} = R\$\ 0,93$$

Obs.: incluir as despesas antecipadas na fórmula da LS torna o analista ainda mais conservador, isto porque as despesas antecipadas não representam bens ou direitos, mas, na verdade, aplicações de recursos ou despesas do exercício seguinte.

Interpretação: para cada R$ 1,00 de dívida, há R$ 0,93 de disponibilidades e recebíveis, sem considerarmos os estoques e as despesas antecipadas. Quanto maior, melhor.

Liquidez geral

Revela a proporção dos bens e direitos a serem realizados (transformados em Real) a curto e a longo prazos em relação às dívidas totais de curto e de longo prazos. Dado o horizonte de tempo coberto por este índice, sua informação deve ser avaliada com certa cautela, pois muitos fatos futuros poderão afetar essa relação. É de esperar que este índice seja superior a 1, evidenciando uma folga na capacidade global de solvência.

Fórmula:

$$LG = (AC + RLP)/(PC + ELP)$$

Onde:

RLP = Realizável a longo prazo
ELP = Exigível a longo prazo

Exemplo:

AC = R$ 3.000,00
RLP = R$ 2.800,00   LG = (R$ 3.000,00 + R$ 2.800,00)/(R$ 3.150,00 + R$ 850,00)
PC = R$ 3.150,00   LG = R$ 1,45
ELP = R$ 850,00

Interpretação: para cada R$ 1,00 de dívida a curto e longo prazos, há R$ 1,45 de valores a receber também a curto e a longo prazos. Quanto maior, melhor.

Liquidez imediata

Este índice, se muito elevado, revela excesso de recursos parados na caixa ou aplicados no mercado financeiro — ou, então, baixo volume de dívida a curto prazo. Em qualquer hipótese, esse fato pode representar desvio das atividades operacionais da empresa.

Fórmula:

$$\text{Liquidez imediata} = \text{Disponibilidades}/\text{Passivo circulante}$$

Exemplo:

Disponibilidades = R$ 300,00
Passivo circulante = R$ 3.600,00
Liquidez imediata = R$ 300,00/R$ 3.600,00 = R$ 0,08
Disponibilidades = caixa + bancos + aplicações financeiras de liquidez imediata

Interpretação: para cada R$ 1,00 de dívida a curto prazo, existe R$ 0,08 de disponibilidades imediatas.

8.4.2 Índices de estrutura ou endividamento

Tais índices relacionam as origens de recursos entre elas próprias e os capitais de terceiros. Em resumo, relacionam as grandes linhas de decisões financeiras em termos de obtenção e aplicação de recursos.

Dependência financeira

Também chamado de **endividamento geral**, esse índice indica a participação do capital de terceiros nos investimentos efetuados no ativo. A dependência absoluta dar-se-á quando o índice for igual a 1. Elevadas proporções neste índice revelam que a empresa se encontra excessivamente endividada.

Fórmula:

$$\text{Endividamento geral: } (PC + ELP)/(AC + RLP + AP)$$

Onde:

AP = ativo permanente
RLP = realizável a longo prazo
AC = ativo circulante
PC = passivo circulante
ELP = exigível a longo prazo

Exemplo:

PC = R$ 700,00
ELP = R$ 300,00
AC = R$ 880,00
RLP = R$ 120,00
AP = R$ 1.500,00
Dependência financeira ou endividamento geral = R$ 1.000,00/R$ 2.500,00 = R$ 0,40

Interpretação: para cada R$ 1,00 aplicado no ativo, R$ 0,40 são de capitais de terceiros — ou 40% do ativo é financiado por capitais de terceiros. Quanto menor, melhor.

Independência financeira

É um complemento do índice anterior e indica o percentual investido no ativo com recursos próprios. Quanto menor se apresentar este índice, menor será a independência, ou seja, mais dependente dos capitais de terceiros a empresa estará.

Fórmula:

> Independência financeira: PL/(AC + RLP + AP)

Onde:

PL = Patrimônio líquido
RLP = realizável a longo prazo
AP = ativo permanente

Exemplo: Aproveitando os dados do exemplo anterior, temos o seguine: se a dependência financeira foi de 40%, a independência será de 60%, ou para cada R$ 1,00 de ativo existem R$ 0,60 de recursos próprios. Quanto maior, melhor. A dedução sobre os 60% é imediata porque AC + RLP + AP = PC + ELP + PL; logo, R$ 880,00 + R$ 120,00 + R$ 1.500,00 = R$ 700,00 + R$ 300,00 + X, portanto, X(PL) é igual a R$ 1.500,00. Assim, temos que R$ 1.500,00/R$ 2.500,00 = R$ 0,60.

Garantia de capital de terceiros

Índice que revela a proporção dos capitais próprios em relação aos capitais de terceiros. Quanto maior essa proporção, maior a garantia dos credores que participam do financiamento do ativo de uma empresa.

Fórmula:

> Garantia de capitais de terceiros: PL/(PC + ELP).

Lembrando que PC + ELP é o nosso conhecido PE (passivo exigível).

Exemplo:

PC = R$ 700,00
ELP = R$ 300,00
PL = R$ 1.500,00
GCT = R$ 1.500,00/(R$ 700,00 + R$ 300,00) = R$ 1,50

Interpretação: para cada R$ 1,00 de capitais de terceiros existe R$ 1,50 de capitais próprios.

Participação de capitais de terceiros

O inverso da garantia de capitais de terceiros é chamado de **participação de capitais de terceiros** e é uma outra forma de ver o endividamento da empresa (dependência de recursos de terceiros).

Fórmula:

$$PCT \text{ (participação de capitais de terceiros)} = (PC + ELP)/PL \text{ ou } PE/PL$$

Interpretação: no exemplo anterior teríamos que, para cada real de patrimônio líquido, existem R$ 0,66 de recursos externos (R$ 1.000,00/R$ 1.500,00).

Composição das exigibilidades

Quociente que indica o nível da dívida de curto prazo da empresa ou a comparação com o total do passivo exigível.

Fórmula:

$$\text{Composição} = PC/(PC + ELP)$$

Exemplo:

PC = R$ 700,00
ELP = R$ 300,00
Composição de curto prazo = R$ 700,00/(R$ 700,00 + R$ 300,00) = R$ 0,70

Interpretação: para cada R$ 1,00 de capitais de terceiros, R$ 0,70 vencem no curto prazo e R$ 0,30 no longo prazo.

Imobilização dos recursos permanentes

Este índice revela o grau de imobilização dos recursos exigíveis a longo prazo e próprios da empresa que está financiando o ativo permanente.

Fórmula:

$$\text{Imobilização dos recursos permanentes} = AP/(ELP + PL)$$

Exemplo:

BALANÇO PATRIMONIAL RESUMIDO BETH S.A.			
Ativo		**Passivo + Patrimônio líquido**	
Circulante	R$ 880,00	Circulante	R$ 700,00
Realizável a longo prazo	-0-	Exigível a longo prazo	R$ 300,00
Permanente	R$ 1.620,00	Patrimônio líquido	R$ 1.500,00
Total	R$ 2.500,00	Total	R$ 2.500,00

Imobilização dos recursos permanentes = R$ 1.620,00/(R$ 300,00 + R$ 1.500,00) = R$ 0,90.

Interpretação: para cada R$ 1,00 de recursos permanentes há R$ 0,90 aplicados no ativo permanente, portanto, R$ 0,10 ou 10% desses recursos estarão aplicados no ativo circulante.

Imobilização de recursos próprios

Indica o grau de financiamento do ativo permanente pelos capitais próprios.

Fórmula:

$$\text{Imobilização do capital próprio} = AP/PL$$

Exemplo:

PL = R$ 1.500,00
AP = R$ 1.620,00
Imobilização dos capitais próprios = R$ 1.620,00/R$ 1.500,00 = R$ 1,08

Interpretação: 100% dos capitais próprios estão aplicados no ativo permanente; a diferença provém de outras fontes.

Cobertura de juros

Este índice mede a capacidade de a empresa pagar juros contratuais. Mede também o número de vezes que o lucro da empresa pode diminuir sem afetar a remuneração devida aos recursos de terceiros.

Fórmula:

> Lucro antes das despesas financeiras e do imposto de renda/Despesas financeiras

Interpretação: quanto maior for este índice, maior será a capacidade de a empresa liquidar os juros.

8.4.3 Índices operacionais

Representam a velocidade com que elementos patrimoniais se renovam durante determinado período de tempo, permitindo, assim, que seja analisado o desempenho operacional da empresa. Têm seus resultados apresentados em dias, meses ou períodos maiores conforme os objetivos da análise. Expressam relações dinâmicas que direta ou indiretamente influenciam a posição de liquidez e rentabilidade da empresa analisada. Os preços médios representam a avaliação do tempo gasto em cada 'giro' ou rotação dos elementos analisados.

Rotação de estoques

Sempre em função das vendas do mesmo período, o cálculo da rotação do estoque nos indica o número de vezes que o estoque se renovou no período analisado. Na verdade, o que se calcula é o número de vezes, em média, que o estoque foi vendido no período de tempo analisado.

Fórmula:

> Rotação dos estoques = CMV/Estoque médio*

* Estoque médio = (Estoque inicial + Estoque final)/2

Prazo médio de estocagem

É o tempo decorrido em cada giro do estoque.

Fórmula:

> PME = 360/Rotação dos estoques

Exemplos:

CMV em 19X1 = R$ 18.390,00
Estoque – Balanço X0 = R$ 5.500,00
Estoque – Balanço X1 = R$ 6.760,00
Rotação = R$ 18.390,00/[(R$ 5.500,00 + R$ 6.760,00)/2] = R$ 3,00
PME = 360/3 = 120 dias

No ano comercial, o estoque se renovou (girou) três vezes, produzindo um prazo médio de estocagem da ordem de 120 dias.

Rotação das duplicatas a receber (DR)

Este quociente representa o número de vezes que as duplicatas a receber foram renovadas durante o período analisado. Quanto maior a rotação, menor será o prazo médio de recebimento, o que é extremamente saudável para a sua empresa.

Fórmula:

> Rotação das DR = Vendas a prazo no período/Saldo médio das DR*

* (Duplicatas a receber balanço anterior + Duplicatas a receber balanço atual)/2

Prazo médio de recebimento

Tempo decorrido em cada giro das duplicadas a receber. Em outras palavras, é a velocidade com que são cobradas (entrada de caixa) as vendas a prazo.

Fórmula:

> PMR = 360/Rotação das DR

Exemplo:

Vendas a prazo = R$ 210.000,00
Duplicatas a receber balanço X0 = R$ 21.000,00
Duplicatas a receber balanço X1 = R$ 63.000,00
Rotação = R$ 210.000,00/[(R$ 21.000,00 + R$ 63.000,00)/2] = 5 vezes
PMR = 360/5 = 72 dias

A empresa recebe de seus clientes, em média, a cada 72 dias.

Rotação das duplicatas a pagar ou fornecedores

Este quociente indica o número de vezes que o saldo da conta foi renovado no período. Quanto maior o quociente, maior a rotatividade (o que não é bom para a empresa). Quanto menor o quociente, maior será o prazo concedido pelos fornecedores.

Fórmula:

> Rotação = Compras a prazo no período/Saldo médio das duplicatas a pagar

Saldo médio = (Duplicatas a pagar [ano anterior] + Duplicatas a pagar [ano atual])/2

Prazo médio de pagamento

Tempo médio decorrido entre o recebimento das mercadorias e o efetivo pagamento.

Fórmula:

$$PMP = 360/\text{Rotação das duplicatas a pagar (fornecedores)}$$

Exemplos:

Compras a prazo = R$ 116.000,00
Duplicatas a pagar X1 = R$ 20.000,00
Duplicatas a pagar X2 = R$ 38.000,00
Rotação = R$ 116.000,00/[(R$ 20.000,00 + R$ 38.000,00)/2] = 4 vezes
PMP = 360/4 = 90 dias ou 3 meses

Ciclo operacional

Tomando como base os prazos médios de estocagem e de recebimento podemos calcular o que se convencionou chamar de ciclo operacional, que nada mais é que o lapso de tempo compreendido entre a compra das mercadorias num comércio — ou dos materiais de produção numa indústria — e o recebimento das vendas. Trata-se de um período médio de tempo em que a empresa investe os recursos para estocar e vender sem que ainda tenha havido os recebimentos pela venda. Há que se questionar, portanto, qual capital está financiando esse período médio de tempo. Resposta: normalmente, esse período de tempo é financiado pelos fornecedores das mercadorias, que concederam um certo prazo para o seu pagamento.

Fórmula:

$$\text{Ciclo operacional} = PME + PMR$$

Onde:

PME = Prazo médio de estocagem
PMR = Prazo médio de recebimento

Ciclo financeiro ou ciclo de caixa

É também um período médio de tempo que começa a partir dos pagamentos aos fornecedores (duplicatas a pagar) e que termina com o recebimento das vendas. Na verdade, trata-se do período em que a empresa financia suas operações sem a participação dos fornecedores. É claro que, quanto mais longo for o ciclo de caixa, maior será a participação de capitais próprios e de terceiros (excluindo-se os fornecedores) nas operações da empresa. Tal condição pode gerar custos financeiros elevados e comprometer a rentabilidade, bem como a solvência da empresa.

Fórmula:

$$\text{Ciclo financeiro} = (PME + PMR) - PMP$$

Onde:

PMP = Prazo médio de pagamento

Giro do ativo operacional

Índice que mede quanto cada Real aplicado no ativo operacional gerou de Reais por conta das vendas. Em outras palavras, quantas vezes o ativo operacional 'girou' ou se renovou pelas vendas. Ativo operacional são os itens do ativo que efetivamente contribuíram para a formação do resultado operacional. Assim, do ativo operacional não fazem parte os investimentos e as imobilizações que não estejam em operação.

Fórmula:

$$\text{Giro do ativo operacional} = \text{Receita operacional líquida/Ativo operacional médio}$$

Exemplo:

Ativo operacional 19X1 = R$ 475.140,00
Ativo operacional 19X2 = R$ 709.355,00
Receita operacional líquida = R$ 1.184.496,00
ROL = Vendas líquidas
Giro ativo operacional = R$ 1.184.496,00/[(R$ 457.140,00 + R$ 709.355,00)/2] = R$ 2,00

Interpretação: para cada R$ 1,00 investido no ativo operacional foram gerados R$ 2,00 de vendas. O giro do ativo expressa também a quantidade de vezes que a empresa consegue girar seu ativo operacional, ou, ainda, quantas vezes num determinado período de tempo consegue vender o equivalente ao valor do seu ativo.

Giro do ativo total

Em relação ao item anterior, altera-se apenas o grupo de contas. Nesse caso, **todo o ativo** é incluído, e mede-se quanto cada Real aplicado no ativo total gerou em Real nas vendas.

Fórmula:

$$\frac{\text{Receita operacional líquida}}{\text{Ativo total médio}}$$

8.4.4 Índices de rentabilidade

Os índices de rentabilidade buscam revelar:
- os fatores determinantes do nível atual da lucratividade e de sua variação;
- a capacidade da empresa de produzir lucro, revelando se seus investimentos estão ou não aplicados de forma racional e eficiente;
- o ganho obtido pelas aplicações de capital efetuadas pelos proprietários, demonstrando se os resultados obtidos são ou não compensadores.

Margem bruta

Representa a relação percentual entre o lucro bruto e as receitas operacionais líquidas.

Fórmula:

Margem bruta = (Lucro operacional bruto/Receita operacional líquida) × 100 (LOB/ROL) × 100

Exemplos:

Lucro operacional bruto (LOB) = R$ 370.435,00
Receita operacional líquida (ROL) = R$ 821.575,00

$$MB = \frac{R\$\ 370.435,00 \times 100}{R\$\ 821.575} = 45,08\%$$

Interpretação:
- Para cada R$ 1,00 de receitas operacionais líquidas há R$ 0,45 de lucro bruto;
- O lucro bruto representa 45,08% das receitas operacionais líquidas.

Quanto maior, melhor.

Margem operacional

Também conhecida por lucratividade das vendas ou lucratividade operacional. Mede a relação entre o lucro operacional e as receitas operacionais líquidas.

Fórmula:

> Margem operacional = (Lucro operacional líquido/Receita operacional líquida) × 100
> (LOL/ROL) × 100

Exemplos:

Lucro operacional líquido (LOL) = R$ 40.910,00
Receitas operacionais líquidas = R$ 821.575,00

$$MO = \frac{R\$\ 40.910,00 \times 100}{R\$\ 821.575,00} = 4,97\%$$

Interpretação: para cada R$ 1,00 de vendas líquidas há quase R$ 0,05 de lucro operacional, ou o lucro operacional representa 4,97% das vendas líquidas. Quanto maior melhor. Essa margem corresponde ao que se convencionou chamar de 'lucro puro', ou seja, o lucro que não considera quaisquer despesas financeiras ou o imposto de renda.

Margem líquida

A margem líquida, também expressa em valores percentuais, representa a parcela do lucro líquido do exercício que a empresa obteve sobre o montante de suas vendas.

Fórmula:

> Margem líquida = (Lucro líquido do exercício/Receita operacional líquida) × 100
> (LLE/ROL) × 100

Interpretação: mesmos comentários sobre as margens bruta e operacional, alterando-se as expressões para bruta, operacional ou líquida conforme o tipo de margem calculada.

Retorno sobre o ativo total e sobre o ativo operacional

Retorno verificado no total dos investimentos efetuados pela empresa. Este índice mede a capacidade dos ativos de gerar lucros. Se calculado sobre o ativo operacional, considerar apenas o lucro operacional na fórmula; se calculado sobre o ativo total, considerar o lucro líquido do exercício.

Fórmulas:

> Retorno sem ativo = (LLE/Ativo total) ou (Margem líquida × Giro do ativo total)
> Retorno sem ativo = (LOL/Ativo operacional) ou (Margem operacional × Giro do ativo operacional)

Onde:

LLE = Lucro líquido do exercício
LOL = Lucro operacional líquido

Interpretação: para cada real investido no ativo, quanto está retornando em forma de lucro? Repare que:

1ª — Margem = Lucro/ROL
2ª — Giro = ROL/Ativo

Cancelando-se o denominador da primeira equação com o numerador da segunda, temos que o retorno sobre o ativo é igual lucro/ativo. Assim, o retorno é uma medida que quantifica a taxa de retorno que se está obtendo na administração dos ativos da empresa.

Retorno sobre o patrimônio líquido

Este índice mostra o retorno obtido pelos proprietários. É uma taxa que expressa os resultados auferidos pela administração da empresa na gerência dos recursos próprios e de terceiros em benefício dos acionistas.

Fórmula:

$$\text{Lucro líquido/Patrimônio líquido}$$

Interpretação: quanto a empresa obteve de lucro para cada Real de capital próprio investido. Mede a rentabilidade sobre os recursos líquidos da empresa e sobre os recursos efetivamente investidos pelos proprietários.

8.4.5 Índices do mercado de capitais

Também chamados de 'índices de bolsa', têm o objetivo de avaliar exclusivamente a viabilidade de investimentos em ações de determinada empresa.

Lucro por ação

Índice que mede a parcela do lucro líquido atribuída a cada fração de capital social. Em outras palavras, quanto de lucro corresponde a cada ação.

Fórmula:

$$\text{LPA = Lucro líquido/Número de ações emitidas}$$

Exemplo:
Lucro líquido   R$ 144.000,00
Número de ações ordinárias — 100.000 ações   R$ 400.000,00

Número de ações preferenciais — 60.000 ações R$ 240.000,00
= Capital social R$ 640.000,00
Reservas e lucros acumulados R$ 100.000,00
Total do patrimônio líquido R$ 740.000,00
LPA = R$ 144.000,00/R$ 160.000,00 = R$ 0,90

Interpretação: R$ 0,90 por ação do capital social. Em outras palavras, o lucro que corresponde a cada ação emitida imposta no valor de R$ 0,90.

Preço/Lucro (P/L)

Este indicador representa o tempo de retorno do investimento do acionista, ou seja, quanto tempo o investidor deve esperar para conseguir acumular um lucro por ação igual ao investimento efetuado.

Fórmula:

LPA/Cotação da ação

Exemplo:

LPA = R$ 0,90
Cotação da ação = R$ 6,30
P/L = R$ 6,30/R$ 0,90 = 7 anos

Interpretação: mantidos os membros da equação inalterada, serão necessários sete anos para a recuperação do capital investido. O índice P/L não caracteriza uma relação financeira (caixa), pois a distribuição do lucro dependerá da política de dividendos da empresa.

Valor patrimonial da ação (VPA)

Representa a parcela do capital próprio da empresa que compete à ação emitida.

Fórmula:

VPA = Patrimônio líquido/Número de ações emitidas

Exemplo:

Usando os dados apresentados acima temos:

R$ 740.000,00/R$ 160.000,00 = R$ 4,62

Interpretação: cada ação emitida possui um valor patrimonial igual a R$ 4,62.

9 Exercícios de fixação*

Exercício 1

Escrever nos espaços em branco se as contas à esquerda são representativas de ativo (A), passivo exigível (PE) ou patrimônio líquido (PL):

1 — Títulos a pagar	
2 — Caixa (dinheiro no cofre da empresa)	
3 — CDB adquirido pela empresa como investimento	
4 — Contas a receber	
5 — Capital que os sócios investiram no negócio	
6 — Veículos	
7 — Salários a pagar	
8 — Dinheiro depositado no banco	
9 — Ações de outras empresas adquiridas como investimento	
10 — Imposto de renda a pagar	
11 — Estoque de mercadorias	
12 — Máquinas	
13 — Terrenos	
14 — Duplicatas a receber	
15 — Empréstimos bancários a pagar	
16 — Encargos sociais a recolher	
17 — Gratificações a pagar	
18 — Contas a pagar	
19 — Lucros acumulados	

---

* As respostas dos exercícios constam no site Web deste livro em www.prenhall.com/athar_br.

20 — Equipamentos	
21 — Comissões a pagar	
22 — Empréstimos concedidos a empregados	
23 — Títulos a receber	
24 — Aplicações financeiras de curto prazo	
25 — Edifícios	
26 — Obras de arte	
27 — Impostos a recolher	
28 — Reservas de lucros	
29 — Instalações	
30 — Adiantamentos para viagens	
31 — Material de escritório (enquanto não consumido)	
32 — Participações em outras empresas (investimento)	
33 — Móveis e utensílios	
34 — Estoque de matérias-primas	
35 — Fornecedores (duplicatas a pagar)	
36 — Empréstimos bancários em moeda estrangeira	
37 — Juros a pagar	
38 — Antecipação de salários	
39 — Impostos a recuperar	
40 — Marcas e patentes	
41 — Obras em andamento	

Exercício 2

Do plano de contas da empresa Dani & Dani constavam as contas abaixo relacionadas. À direita das contas, classifique em contas do ativo (A), do passivo exigível (PE) e do patrimônio líquido (PL):

Terrenos
Mercadorias
Capital social
Fornecedores
Duplicatas a pagar
Duplicatas a receber

Letras de câmbio a pagar
Estoque de produtos acabados
Máquinas
Empréstimos bancários
Prédios e edifícios
Bancos — Conta de movimento

Títulos a receber
Instalações
Clientes
Caixa
Aplicações financeiras
Lucros acumulados
Móveis e utensílios
Salários a pagar
Imposto de renda a recolher
Materiais de escritório
Contas a receber
Aluguéis a pagar
Notas promissórias a receber
Veículos
Dividendos a pagar
Equipamentos

Impostos a recuperar
Impostos a recolher
Investimentos temporários

Exercício 3

Indicar quais variações ocorrem no patrimônio da empresa Danicar S.A., conforme exemplo a seguir:

Operação	A	PE	PL
1 — Compra de máquina a prazo (aumenta o ativo 'máquinas' e o passivo exigível 'contas a pagar'. PL sem variação (SV)	(+)	(+)	(SV)
2 — Compra à vista de mercadorias	( )	( )	( )
3 — Pagamento da máquina comprada no item 1, acima	( )	( )	( )
4 — Constituição de uma empresa	( )	( )	( )
5 — Venda de mercadoria à vista com lucro	( )	( )	( )
6 — Venda de mercadoria à vista com prejuízo	( )	( )	( )
7 — Depósito em dinheiro no banco	( )	( )	( )
8 — Pagamento de salários de março no próprio mês de março	( )	( )	( )
9 — Aumento de capital da empresa	( )	( )	( )
10 — Compra à vista de imóveis	( )	( )	( )
11 — Recebeu o valor do empréstimo solicitado	( )	( )	( )

Operação	A	PE	PL
12 — Pagamento de comissão aos vendedores	( )	( )	( )
13 — Solicitou ao banco uma aplicação financeira	( )	( )	( )
14 — Pagamento do empréstimo + juros ao banco	( )	( )	( )
15 — Pagamento de impostos	( )	( )	( )
16 — Compra de imóveis a prazo	( )	( )	( )
17 — Compra de um veículo à vista	( )	( )	( )
18 — Pagamento do imóvel da transação 16	( )	( )	( )
19 — Resgate da aplicação financeira com rendimentos	( )	( )	( )

Exercício 4

Identifique as operações que foram dando origem às situações patrimoniais apresentadas a seguir, relativas à empresa Cardani Comércio de Móveis S.A.

CARDANI COMÉRCIO DE MÓVEIS S.A.			
a) Caixa	R$ 800,00	Capital social	R$ 5.000,00
Terrenos	R$ 4.200,00		
	R$ 5.000,00		**R$ 5.000,00**
b) Caixa	R$ 1.500,00	Capital social	R$ 7.000,00
Mercadorias	R$ 1.300,00		
Terrenos	R$ 4.200,00		
	R$ 7.000,00		**R$ 7.000,00**
c) Caixa	R$ 1.000,00	Fornecedores	R$ 1.500,00
Mercadorias	R$ 3.300,00		
Terrenos	R$ 4.200,00	Capital social	R$ 7.000,00
	R$ 8.500,00		**R$ 8.500,00**
d) Caixa	R$ 1.300,00	Fornecedores	R$ 1.500,00
Duplicatas a receber	R$ 1.700,00		
Estoque de mercadorias	R$ 2.000,00	Capital social	R$ 7.000,00
Terrenos	R$ 4.200,00	Receita com vendas	R$ 2.000,00
		(–)CMV	(R$ 1.300,00)
	R$ 9.200,00		**R$ 9.200,00**

CARDANI COMÉRCIO DE MÓVEIS S.A.			
e) Caixa	R$ 300,00	Fornecedores	R$ 1.500,00
Bancos	R$ 1.000,00		
Duplicatas a receber	R$ 1.700,00	Capital social	R$ 7.000,00
Estoque de mercadorias	R$ 2.000,00	Receita com vendas	R$ 2.000,00
Terrenos	R$ 4.200,00	(–)CMV*	(R$ 1.300,00)
	R$ 9.200,00		**R$ 9.200,00**
f) Caixa	R$ 500,00	Fornecedores	R$ 1.500,00
Bancos	R$ 2.000,00		
Duplicatas a receber	R$ 500,00	Capital social	R$ 7.000,00
Estoque de mercadorias	R$ 2.000,00	Receita com vendas	R$ 2.000,00
Terrenos	R$ 4.200,00	(–)CMV	(R$ 1.300,00)
	R$ 9.200,00		**R$ 9.200,00**
g) Caixa	R$ 500,00	Fornecedores	R$ 500,00
Bancos	R$ 1.000,00		
Duplicatas a receber	R$ 500,00	Capital social	R$ 7.000,00
Estoque de mercadorias	R$ 2.000,00	Receita com vendas	R$ 2.000,00
Terrenos	R$ 4.200,00	(–)CMV	(R$ 1.300,00)
	R$ 8.200,00		**R$ 8.200,00**

* CMV — Custo da mercadoria vendida

Exercício 5

Na data de 2.1.20X1, três pessoas resolveram constituir uma empresa com capital inicial em dinheiro no valor de R$ 12 mil. A empresa foi chamada de Danicar S.A. Nas datas subseqüentes ocorreram as seguintes transações:

6.1.20X1 — Compra à vista de móveis e utensílios no valor de R$ 2 mil.

15.1.20X1 — Aumento em dinheiro do capital social no valor de R$ 20 mil.

20.1.20X1 — Compra a prazo de equipamentos no valor de R$ 8.500,00.

22.1.20X1 — Abertura de uma conta no Banco Alfa no valor de R$ 20 mil.

24.1.20X1 — Depósito no banco, em dinheiro, no valor de R$ 4 mil.

25.1.20X1 — Obtenção de um empréstimo com o banco no valor de R$ 20 mil.

28.1.20X1 — Aquisição de mercadorias para revenda no valor de R$ 10 mil — a compra foi efetuada a prazo.

29.1.20X1 — Aquisição de mercadorias para revenda no valor de R$ 30 mil — a compra foi efetuada à vista.

30.1.20X1 — Pagamento com emissão de cheque da compra a crédito de 20.1.20X1.

31.1.20X1 — Aquisição de um veículo à vista, no valor de R$ 10 mil, utilizando todo o dinheiro do caixa da empresa e o restante com emissão de cheque.

Pede-se:

- demonstrar a situação patrimonial da empresa Danicar S.A. após cada transação;
- informar a proporção dos capitais de terceiros em relação ao capital total originado pela empresa (grau de endividamento) após cada transação;
- em que data a empresa está mais endividada?

Exercício 6

1. Os proprietários fizeram o seguinte investimento inicial no comércio de ferragens a varejo:
   - imóveis: R$ 4 mil;
   - dinheiro: R$ 5 mil.
2. Compra de móveis e utensílios, em dinheiro, no valor de R$ 300,00.
3. Aquisição de instalações para a loja de ferragens no valor de R$ 2.100,00: pagou R$ 1 mil à vista e combinou de pagar o saldo restante dentro de 30 dias.
4. Compra de mercadorias em dinheiro no valor de R$ 900,00.
5. Compra de equipamentos a crédito no valor de R$ 800,00.
6. Pagamento da transação número 3.
7. Venda de todas as mercadorias em estoque, que custaram R$ 900,00, por R$ 1.250,00, a prazo.
8. Pagamento da dívida contraída na transação número 5.
9. Abertura de conta corrente no Banco Beta com os recursos do caixa.

Pede-se:
- Levantar o balanço patrimonial da loja de ferragens após cada transação realizada.

Exercício 7

Em determinada empresa ocorreu um sinistro (incêndio). Após os trabalhos de apuração, o contador elaborou a relação abaixo discriminada de bens, direitos e obrigações avaliada pelos seus respectivos valores de aquisição:

a) Máquinas em perfeito estado	R$ 4.000,00
b) Duplicatas a receber	R$ 2.000,00
c) Um lote de estoque totalmente destruído pelo fogo	R$ 3.000,00
d) Conta corrente	R$ 1.500,00
e) Diversos móveis e utensílios destruídos pelo fogo	R$ 4.000,00
f) Equipamentos em perfeito estado	R$ 1.500,00

g) Empréstimos a pagar R$ 6.000,00
h) Três veículos arrendados (*leasing*); todos em perfeito estado R$ 9.000,00
i) Uma Máquina prensadeira totalmente destruída R$ 2.000,00
Total R$ 33.000,00

Considerando que todo patrimônio da empresa foi relacionado, qual o total do ativo, do passivo exigível e do patrimônio líquido?

Exercício 8

Com base nos dados abaixo, assinale na coluna à esquerda (V) para verdadeiro e (F) para falso:

APLICAÇÕES	ORIGENS
Bens ....R$ 20.000,00	Obrigações........................R$ 30.000,00
Direitos.............................R$ 60.000,00	Patrimônio líquido..............R$ 50.000,00

( ) O capital próprio é de R$ 50 mil.
( ) Os capitais de terceiros somam R$ 80 mil.
( ) O capital à disposição da empresa soma R$ 20 mil.
( ) Os capitais próprios totalizam R$ 80 mil.
( ) O capital próprio é maior que o capital de terceiros.

Exercício 9

Os dados abaixo foram obtidos na empresa Dani S.A.

Dinheiro em caixa	R$ 50.000,00
Salários a pagar	R$ 40.000,00
Mercadorias para revenda	R$ 60.000,00
Duplicatas a receber	R$ 60.000,00
Duplicatas a pagar (fornecedores)	R$ 55.000,00
Veículos	R$ 40.000,00
Lucros acumulados	R$ 95.000,00
Equipamentos	R$ 30.000,00
Impostos a recolher	R$ 85.000,00
Dinheiro depositado no banco	R$ 90.000,00
Capital social	R$ 85.000,00
Máquinas	R$ 30.000,00

Pergunta-se:
- Qual o total das origens externas de recursos?
- Qual o capital total à disposição da Dani S.A.?
- Qual o total das origens internas de recursos?

Exercício 10

Em determinado momento, o patrimônio da Carol Ltda. é representado por:

Bens numerários: R$ 100,00
Bens de venda: R$ 700,00
Bens de uso: R$ 500,00
Dívidas com terceiros: R$ 400,00
Bens de renda: R$ 100,00
Direitos: R$ 200,00

Seu patrimônio líquido é de:

Exercício 11 (testes de múltipla escolha)[1]

11.1) Na maioria das empresas, o ativo suplanta o passivo exigível. Assim, a representação gráfica mais comum do patrimônio de uma empresa assume a seguinte forma:
   a) PE + A = PL
   b) A + PL = PE
   c) A = PE + PL
   d) PE − PL = A
   e) A = PL = PE

11.2) Diz-se que o PL é negativo quando o ativo total é:
   a) maior que os capitais de terceiros;
   b) maior que o patrimônio líquido;
   c) igual ao passivo exigível;
   d) igual às origens externas;
   e) menor que os capitais de terceiros.

11.3) Assinale a alternativa que indica situação patrimonial inconcebível:
   a) situação líquida igual ao ativo;
   b) situação líquida maior que o ativo;
   c) situação líquida menor que o ativo;
   d) situação líquida maior que o passivo exigível;
   e) situação líquida menor que o passivo exigível.

---

[1] Testes com base em Silvério Neves & Paulo E. Viceconti. *Contabilidade básica*. São Paulo: Frase, 1995.

11.4) Aumenta o patrimônio líquido:
   a) pagamento de salários;
   b) recebimento de duplicatas a receber;
   c) recebimento de duplicatas com juros;
   d) pagamento de obrigações em dinheiro;
   e) compra à vista de móveis e utensílios.

11.5) É função econômica da contabilidade:
   a) apurar lucro ou prejuízo;
   b) controlar o patrimônio;
   c) evitar erros e fraudes;
   d) efetuar registro dos fatos contábeis;
   e) verificar a autenticidade das operações.

11.6) Caso o passivo exigível de uma empresa seja de R$ 19.650,00, e o patrimônio líquido, de R$ 9.850,00, o valor do seu capital próprio será de:
   a) R$ 29.500,00
   b) Zero
   c) R$ 9.800,00
   d) R$ 9.850,00
   e) R$ 19.650,00

11.7) Ao preparar uma questão para a prova, um professor não se deu conta de que colocara alternativas que, embora redigidas de maneira diferente, tinham o mesmo significado conceitual. A questão estava assim formulada:
   "Surge o passivo a descoberto quando:
   1. o valor do ativo excede o valor do passivo;
   2. o valor do passivo é menor que o valor do ativo;
   3. o valor do ativo é menor que o valor do passivo;
   4. os bens e direitos superam as obrigações;
   5. a situação líquida tem valor negativo."
   As alternativas com significado idêntico são as de número:
   a) 1/2/4 e 3/5;
   b) 1/3 e 2/5;
   c) 1/2/3 e 4/5;
   d) 1/2/5 e 3/4;
   e) 1/3/5 e 2/4.

11.8) A situação patrimonial em que os recursos aplicados no ativo são originados parte de riqueza própria e parte de capital de terceiros é representada pela equação:
   a) A = PL, portanto PE = zero.
   b) A = PE, portanto PL = zero.
   c) A > PE, portanto PL > zero.

d) A < PE, portanto PL < zero.
e) PE = (–) PL; portanto A = zero.

11.9) Considerando CP = capital próprio; Cte = capital de terceiros; CN = capital nominal; Cto = capital total à disposição da empresa; PL = patrimônio líquido; SLp = situação líquida positiva e A = ativo, pode-se afirmar que Cto é igual a:
   a) CP + Cto.
   b) A   + Cte.
   c) CP + Cte.
   d) A   (–) SLp.
   e) CP + Cte – CN.

11.10) A empresa Caroldani S.A. foi registrada e obteve R$ 500,00 dos sócios na forma de capital; R$ 300,00 de terceiros na forma de empréstimos e R$ 150,00 de terceiros na forma de rendimentos. Aplicou esses recursos da seguinte maneira: R$ 450,00 em bens para revender; R$ 180,00 em caderneta de poupança; R$ 240,00 em empréstimos concedidos e o restante em despesas. Com essa gestão, pode-se afirmar que a empresa ainda tem um patrimônio bruto e um patrimônio líquido, respectivamente, de:
   a) R$ 870,00 e R$ 570,00.
   b) R$ 690,00 e R$ 570,00.
   c) R$ 950,00 e R$ 500,00.
   d) R$ 870,00 e R$ 500,00.
   e) R$ 950,00 e R$ 650,00.

11.11) Em uma empresa, o recebimento de juros sobre empréstimo feito a empregado, sem o recebimento do principal correspondente, é um fato contábil:
   a) misto aumentativo;
   b) modificativo aumentativo;
   c) permutativo;
   d) misto diminutivo;
   e) modificativo diminutivo.

11.12) No pagamento de uma obrigação tributária já registrada em seu passivo, a empresa ultrapassou o prazo de vencimento, tendo de resgatá-la com os respectivos acréscimos legais cabíveis. Essa operação caracteriza-se como um fato contábil:
   a) permutativo;
   b) misto diminutivo;
   c) misto aumentativo;
   d) modificativo aumentativo;
   e) modificativo diminutivo.

11.13) Considere:

Empresa	Ativo (R$)	Passivo exigível (R$)
A	1.000,00	400,00
B	800,00	600,00
C	500,00	600,00

Aplique a teoria das equações do patrimônio e responda:
a) a empresa A revela situação líquida negativa;
b) a empresa B revela situação líquida negativa de R$ 200,00;
c) a empresa C revela situação líquida negativa de R$ 100,00;
d) a empresa B revela situação líquida positiva de R$ 200,00;
e) as alternativas c e d estão corretas.

11.14) A Cia. Tatá adquire R$ 160,00 de mercadorias, pagando, em dinheiro, 50% com desconto de 20% e aceitando pelo restante uma duplicata. O ativo da empresa:
a) aumentou em R$ 96,00;
b) aumentou em R$ 160,00;
c) aumentou em R$ 80,00;
d) não aumentou nem diminuiu;
e) diminuiu em R$ 64,00.

11.15) Relacione a coluna da esquerda com a da direita:

1 — Permutativo   ( ) Venda com lucro
2 — Modificativo aumentativo ( ) Venda com prejuízo
3 — Modificativo diminutivo ( ) Venda sem lucro e sem prejuízo
4 — Misto aumentativo   ( ) Aumento de capital efetuado pelos sócios, em dinheiro
5 — Misto diminutivo   ( ) Despesas com salários

O preenchimento correto dos parênteses está contido, respectivamente, nas alternativas:
a) 4-5-1-2-3.
b) 3-2-1-5-4.
c) 1-2-3-4-5.
d) 5-4-3-2-1.
e) 4-5-1-3-2.

Exercício 12

A empresa Danicar S.A. é constituída e realiza as seguintes transações:

1. Quatro sócios decidem criar a empresa que se dedicará à comercialização de peças para automóveis. O capital inicial foi estipulado em R$ 20 mil e totalmente integralizado. Na oportunidade, o valor foi depositado no Banco Neném S.A.
2. Aquisição de mercadorias no total de R$ 10 mil, sendo R$ 6 mil pagos à vista e R$ 4 mil para pagamento em 30 dias.
3. Aquisição de veículo no valor de R$ 4 mil, sendo 50% pagos à vista e 50% a prazo.
4. A empresa sacou R$ 500,00 no banco para manter o dinheiro no caixa.
5. Venda à vista de mercadorias que haviam custado R$ 4 mil pelo preço de R$ 6 mil.
6. Depósito no banco do total da venda referente à transação número 5.
7. Aumento de capital para R$ 40 mil mediante entrega de cheques pelos sócios. Os cheques foram depositados no banco.
8. Aquisição de um terreno no valor de R$ 12 mil: 30% à vista e o restante para pagamento em 90 dias.
9. Pagamento do total da obrigação assumida na transação número 2.
10. Aquisição de mercadorias no valor de R$ 8 mil: 40% à vista e o restante a prazo.
11. Liquidação da dívida contraída na transação número 3.
12. Aquisição de móveis e utensílios à vista, com emissão de cheques no valor de R$ 1.200,00.

Pede-se:
- demonstrar a situação patrimonial da Danicar S.A. após cada transação por meio do balanço patrimonial resumido (equação do balanço);
- informar qual dos 12 balanços revela o maior endividamento [PE/(PE + PL)].

Exercício 13

A empresa Cardani S.A. foi constituída em 2.12.20X1 com capital inicial no valor de R$ 28 mil, totalmente integralizado no ato da subscrição. Nas datas subseqüentes ocorreram as seguintes transações:

8.12.20X1 — Compra à vista de um equipamento pelo valor de R$ 3 mil.
9.12.20X1 — Compra de cinco mil unidades de mercadoria pelo valor de R$ 5 mil — a compra foi efetuada a prazo.
18.12.20X1 — Pagamento dos salários de dezembro no valor de R$ 2 mil.
20.12.20X1 — Abertura de conta corrente no Banco Alfa S.A. no valor de R$ 18 mil.
21.12.20X1 — Venda de quatro mil unidades de mercadorias a prazo pelo valor unitário de R$ 2,50.

27.12.20X1 — Recebimento de R$ 2 mil pela venda de 21.12.20X1. O recurso foi depositado no banco.
28.12.20X1 — Pagamento em dinheiro da dívida de 9.12.20X1.
29.12.20X1 — Compra de uma máquina à vista, com emissão de cheque no valor de R$ 3.500,00.
30.12.20X1 — Compra de um terreno pelo valor de R$ 10 mil — R$ 2.500,00 em dinheiro, R$ 5 mil em cheque, e a diferença para pagar em 30 dias.

Pede-se:

- escriture as transações no livro diário e no livro razão;
- levante um balancete de verificação;
- levante a demonstração do resultado do exercício;
- levante o balanço patrimonial.

Exercício 14

A empresa Danicar S.A. é uma empresa comercial que compra e vende parafusos e ferramentas em geral. Em 30.11.20X1 apresentava o balancete de verificação abaixo demonstrado:

BALANCETE DE VERIFICAÇÃO DANICAR S.A. 30.11.20X1		
Contas	Saldo devedor (R$)	Saldo credor (R$)
Caixa	1.000,00	
Capital social		10.000,00
Veículos	400,00	
Fornecedores		500,00
Contas a pagar		400,00
Lucros/prejuízos acumulados	500,00	
Bancos	2.000,00	
Imóveis	2.500,00	
Duplicatas a receber	800,00	
Máquinas	200,00	
Estoques(*)	5.000,00	
Títulos a pagar		1.500,00
Totais	12.400,00	12.400,00

* O estoque de mercadorias estava assim constituído: 1.500 ferramentas a R$ 2,50 cada; 2.500 parafusos a R$ 0,50 cada.

Durante o mês de dezembro ocorreram as seguintes transações:

1.12.20X1 — Recebimento de R$ 300,00, referentes à venda a prazo efetuada em outubro.
5.12.20X1 — Pagamento de R$ 400,00, referentes à compra a prazo efetuada em outubro.
6.12.20X1 — Venda a prazo de mil ferramentas pelo preço unitário de R$ 7,50.
8.12.20X1 — Venda à vista de dois mil parafusos pelo preço unitário de R$ 2,50.
9.12.20X1 — Compra de equipamentos à vista pelo preço de R$ 1 mil.
15.12.20X1 — Pagamento de salários do mês de dezembro no valor de R$ 3.400,00;
20.12.20X1 — Aumento de capital no valor de R$ 2.500,00, sendo R$ 1mil em dinheiro e R$ 1.500,00 em mercadorias.
27.12.20X1 — Pagamento de impostos do mês no valor de R$ 1.500,00.
29.12.20X1 — Pagamento de despesas de propaganda no valor de R$ 1.500,00.
30.12.20X1 — Obtenção de um empréstimo no Banco Alfa no valor de R$ 3 mil

Levante a DRE e o balanço patrimonial; considere uma alíquota de imposto de renda da ordem de 40% e que a empresa proporá a distribuição de dividendos na proporção de 50% do lucro líquido do exercício.

Exercício 15

Em 30.10.20X1, a empresa Cardani S.A. levantou o seguinte balancete de verificação:

BALANCETE DE VERIFICAÇÃO CARDANI S.A. 30.10.20X1		
Contas	**Saldo devedor (R$)**	**Saldo credor (R$)**
Prejuízo na venda de imóveis	500,00	
Veículos	300,00	
Despesas com propaganda	420,00	
Lucros/prejuízos acumulados	50,00	
Despesas com locomoção	260,00	
Bancos	2.500,00	
Aluguéis pagos antecipadamente	430,00	
Caixa	500,00	
Despesas com salários	500,00	
Despesas com comunicação	180,00	
Imóveis	300,00	

BALANCETE DE VERIFICAÇÃO
CARDANI S.A.
30.10.20X1

Contas	Saldo devedor (R$)	Saldo credor (R$)
Despesas com energia elétrica	200,00	
Terrenos	830,00	
Adiantamentos para viagens	100,00	
CMV	6.500,00	
Despesas financeiras	400,00	
Equipamentos	500,00	
Despesas com aluguéis	240,00	
Despesas com a comissão de vendedores	400,00	
Máquinas	1.000,00	
Duplicatas a receber	2.000,00	
Estoques	940,00	
Despesas com embalagens	200,00	
Capital social		5.050,00
Contas a pagar		250,00
Receitas financeiras		800,00
Empréstimos bancários		300,00
Receita bruta com vendas		11.400,00
Salários a pagar		500,00
Títulos a pagar		200,00
Impostos a recolher		450,00
Fornecedores		300,00
Totais	19.250,00	19.250,00

Nas datas subseqüentes ocorreram as seguintes transações:

31.10.20X1 — Aquisição de materiais de escritório no valor de R$ 800,00, sendo 50% à vista e 50% a prazo.

    Aplicação financeira no valor de R$ 1 mil nas seguintes condições:
    a) taxa: 2%;
    b) resgate: 30.11.20X1.

5.11.20X1 — Pagamento efetivo dos salários dos empregados referentes ao mês de outubro no valor de R$ 500,00. O pagamento foi efetuado com emissão de cheques.

20.11.20X1 — 50% dos materiais de escritório são colocados para consumo.
30.11.20X1 — a) pagamento com emissão de cheque da dívida assumida em 31.10.20X1;
  b) depósito no banco do excedente de caixa;
  c) resgate da aplicação financeira;
  d) apropriar os salários do mês de novembro que serão pagos em 5.12.
5.12.20X1 — Efetivo pagamento dos salários dos empregados referentes ao mês de novembro.
18.12.20X1 — Aquisição de equipamentos a prazo no valor de R$ 1 mil.
31.12.20X1 — a) apropriar os salários de dezembro para pagamento em janeiro no valor de R$ 800,00;
  b) provisão para pagamento no ano seguinte de 50% do lucro líquido a título de dividendos distribuídos.

Após proceder à escrituração das transações solicitadas nos livros diários e razão, apure o resultado do exercício considerando 40% de IR (imposto de renda) e CSSL (contribuição social sobre o lucro).

Exercício 16

Em 30.11.20X0, a empresa Dani Ltda. apresentava o seguinte balancete de verificação:

BALANCETE DE VERIFICAÇÃO DANI LTDA. 30.11.20X0		
Contas	**Saldo devedor (R$)**	**Saldo credor (R$)**
Caixa	500,00	
Duplicatas a receber	20.000,00	
Fornecedores		16.000,00
Terrenos	15.000,00	
Capital social		40.000,00
Máquinas	20.500,00	
Totais	56.000,00	56.000,00

Ao longo do mês de dezembro, ocorreram as seguintes transações:

1.12.20X0 — Aumento do capital social no valor de R$ 80 mil; 50% foram integralizados no ato da subscrição, 30% serão integralizados em 20.12.20X0 e o restante será integralizado em 10.1.20X1.
7.12.20X0 — Compra à vista de um imóvel no valor de R$ 30 mil.
8.12.20X0 — Compra de máquinas a prazo no valor de R$ 20 mil.
10.12.20X0 — Compra, a prazo, de oito mil unidades de mercadorias por R$ 8 mil.
15.12.20X0 — Abertura de conta corrente no Banco da Argentina no valor de R$ 10 mil.
16.12.20X0 — Pagamento de 50% das mercadorias adquiridas em 10.12.20X0.
17.12.20X0 — Venda à vista dos terrenos pelo valor de R$ 35 mil; o valor foi depositado no banco.
20.12.20X0 — a) integralização de 30% da subscrição de 1.12.20X0;
  b) pagamento dos salários de dezembro no valor de R$ 18 mil.
21.12.20X0 — Venda de seis mil unidades de mercadorias, a prazo, pelo valor de R$ 4,50 a unidade.
23.12.20X0 — Aquisição de móveis e utensílios no valor de R$ 3 mil; houve emissão de cheque.
26.12.20X0 — Recebimento de 60% da venda efetuada em 21.12.20X0.
27.12.20X0 — Pagamento de comissão aos vendedores no valor total de R$ 8.250,00.
28.12.20X0 — Obtenção de um empréstimo no banco no valor de R$ 20 mil.
29.12.20X0 — Pagamento da dívida contraída em 8.12.20X0 de R$ 20 mil.
30.12.20X0 — Recebimento das duplicatas a receber inscritas no balancete de verificação; foram cobrados 5% de juros.

Pede-se:

- escriturar as transações no livro diário e no livro razão;
- apurar o resultado do exercício com 30% de imposto de renda;
- levantar o balancete de verificação;
- levantar a DRE;
- levantar o balanço patrimonial.

Exercício 17

Em 31.12.20X0, a Danicar S.A. levantou o seguinte balancete de verificação:

Contas	Saldo devedor (R$)	Saldo credor (R$)
Impostos incidentes sobre vendas	1.250,00	
Equipamentos	750,00	
Bancos	675,00	
Contas a receber (20X3)	1.025,00	
Impostos a recuperar	250,00	
Instalações prediais	1.250,00	
Despesas com vendas	2.550,00	
Edificações	750,00	
Terrenos	2.500,00	
Antecipação de salários	325,00	
CMV	16.250,00	
Despesas financeiras	1.000,00	
Participações em outras empresas	1.500,00	
Máquinas	2.500,00	
Despesas administrativas	3.450,00	
Duplicatas a receber	5.500,00	
Estoques	2.350,00	
Aluguéis pagos antecipadamente	1.000,00	
Aplicações financeiras (60 dias)	5.125,00	
Receitas financeiras		850,00
Capital social		12.875,00
Contas a pagar		625,00
Empréstimos bancários		750,00
Receita bruta com vendas		28.450,00
Salários a pagar		1.250,00
Títulos a pagar		500,00
Impostos a recolher		1.125,00
Receitas não-operacionais		350,00
Fornecedores		750,00
Lucros/prejuízos acumulados		100,00
Debêntures a pagar (LP)		1.200,00
Adiantamentos de clientes		1.175,00
Totais	50.000,00	50.000,00

Pede-se

- Encerre o resultado do exercício, levante a DRE (demonstração do resultado do exercício) e o balanço patrimonial. Considere 40% de alíquota de imposto de renda e que a empresa proporá 30%, a título de dividendos, para serem distribuídos aos acionistas.

Exercício 18

BALANCETE DE VERIFICAÇÃO DANICAR S.A. 31.12.20X0		
Contas	**Saldo devedor (R$)**	**Saldo credor (R$)**
Investimentos temporários	8.000,00	
Reservas estatutárias		3.000,00
Impostos a recuperar	1.500,00	
PDD		1.254,00
Adiantamentos a fornecedores	25.200,00	
Provisão para férias		2.556,00
Capital social		250.000,00
Impostos incidentes sem vendas	18.600,00	
Receitas financeiras		55.000,00
Variações monetária/correção monetária	6.000,00	
Receita com aluguéis		3.000,00
Antecipação de férias	7.000,00	
Adiantamentos de clientes		15.000,00
Aplicações financeiras (liquidez imediata)	6.000,00	
Provisão para gratificações a empregados		6.500,00
Empréstimos a coligadas (90 dias)	15.200,00	
Reserva de ágio na emissão de ações		18.000,00
Obras de arte	22.000,00	
Lucro na participação em outras sociedades		1.000,00

BALANCETE DE VERIFICAÇÃO DANICAR S.A. 31.12.20X0		
Contas	Saldo devedor (R$)	Saldo credor (R$)
Encargos financeiros a apropriar	1.800,00	
Financiamentos em moeda estrangeira		100.000,00
Aluguéis pagos antecipadamente	2.000,00	
Amortização acumulada		5.400,00
Veículos	44.000,00	
Receita bruta com vendas		209.528,00
Antecipação de salários	4.134,00	
Duplicatas descontadas		10.000,00
Estoques	41.400,00	
Depreciação acumulada/equipamentos		486,00
Participação em fundos de investimentos	13.000,00	
Empréstimos a pagar		40.000,00
Prejuízo na participação em outras sociedades	1.000,00	
Provisão para perdas com investimentos		5.600,00
Empréstimos compulsórios	7.500,00	
Terrenos não de uso	92.000,00	
Fornecedores		40.000,00
CMV	95.000,00	
Bancos	22.000,00	
Depreciação acumulada (veículos)		8.100,00
Despesas com vendas	22.610,00	
Lucros acumulados		1.000,00
Debêntures a pagar (LP)		6.000,00
Duplicatas a receber	93.600,00	
Reserva legal		35.000,00
Recuperação de despesas		6.266,00
Gastos pré-operacionais	21.000,00	

BALANCETE DE VERIFICAÇÃO DANICAR S.A. 31.12.20X0		
Contas	**Saldo devedor (R$)**	**Saldo credor (R$)**
Despesas administrativas	29.256,00	
Reserva de doação de bens		12.000,00
Participações coligadas	48.000,00	
Prejuízo na venda de imobilizado	15.000,00	
Devoluções/abatimentos	21.200,00	
Contas a receber (20X4)	20.000,00	
Equipamentos	144.000,00	
Despesas financeiras	40.000,00	
Despesas com aluguéis recebidos antecipadamente	2.000,00	
Reservas de reavaliação		17.400,00
Encargos financeiros a pagar		23.910,00
Aluguéis recebidos antecipadamente		8.000,00
Lucro na venda de imobilizado		6.000,00
Totais	890.000,00	890.000,00

Com base no balancete apresentado no Exercício 18, providencie:
- o encerramento do resultado do exercício;
- a apuração da PIR à base de 15%;
- as seguintes reservas:
  - legal: 5% (respeitar os limites da lei);
  - estatutária: 8%;
  - orçamentária: 8%;
  - contingências: R$ 2 mil;
  - reserva de lucros a realizar: lucros a realizar = R$ 10 mil;
- a distribuição de $1/3$ do lucro a título de dividendos;
- o levantamento da DRE;
- o levantamento do balanço patrimonial.

Exercício 19

Estruture a DRE a seguir:

Contas	20X0 (R$)	20X1 (R$)
Despesas com salários (vendedores)	3.024,00	3.539,00
Impostos incidentes sem vendas	18.335,00	12.783,00
Receita bruta com vendas	236.351,00	216.929,00
Despesas com seguros	4.293,00	3.468,00
Despesas não-operacionais	1.849,00	1.211,00
Honorários da diretoria	2.312,00	2.862,00
Despesas com salários (administração)	8.324,00	10.303,00
Despesas financeiras	9.695,00	7.661,00
Resultado de equivalência patrimonial (credor)	7.540,00	13.737,00
Despesas com comissão de vendedores	756,00	885,00
Despesas com PDD	151,00	177,00
Despesas com propaganda	454,00	531,00
Despesas tributárias	3.468,00	4.293,00
Variações monetárias passivas	7.848,00	4.308,00
Devolução de vendas	7.413,00	3.068,00
Receitas não-operacionais	3.148,00	5.831,00
Reversão da PDD	76,00	88,00
Despesas com depreciação	3.434,00	2.774,00
Despesas com amortização	1.144,00	924,00
PIR	–	8.726,00
CPV	198.786,00	127.019,00

Exercício 20

Com base nos dados do balancete de verificação a seguir, providencie o que se pede:
- encerre o resultado do exercício;
- apure a PIR à base de 15% do Lair
- destine as seguintes reservas:
  - legal: 5%;
  - estatutária: 10%;
  - orçamentária: 20%;
- levante a DRE;
- levante o balanço patrimonial.

BALANCETE DE VERIFICAÇÃO
CIA. TATÁ S.A.
31.12.20X1

Contas	Saldo devedor (R$)	Saldo credor (R$)
Empréstimos a controladas	56.680,00	
Despesas com seguros	25.000,00	
Aluguéis pagos antecipadamente	60.000,00	
Aplicações em incentivos fiscais	40.000,00	
Despesas com salários	100.220,00	
Terrenos em uso	720.000,00	
Despesas com aluguéis	32.000,00	
Disponibilidades	190.000,00	
Juros pagos	48.000,00	
Impostos incidentes sem vendas	100.000,00	
Despesas com aluguéis recebidos antecipadamente	10.000,00	
Máquinas	480.000,00	
Duplicatas a receber	418.000,00	
Variações monetárias	40.000,00	
CMV	568.000,00	
Participações em controladas	360.000,00	
Contas a receber (vencimento 20X4)	100.000,00	
Despesas com propaganda	30.000,00	
Correção monetária pré-fixada	60.000,00	
Estoques	702.000,00	
Antecipação de salários	20.670,00	
Gastos pré-operacionais	120.000,00	
Despesas com provisão para perdas com investimentos	28.000,00	
Descontos concedidos	18.000,00	
Adiantamentos para viagens	20.000,00	
Despesas com comissão de vendedores	36.780,00	
Investimentos temporários (CP)	120.000,00	
Resultado de equivalência patrimonial	80.000,00	

BALANCETE DE VERIFICAÇÃO
CIA. TATÁ S.A.
31.12.20X1

Contas	Saldo devedor (R$)	Saldo credor (R$)
Abatimentos concedidos	38.000,00	
Vendas canceladas	18.000,00	
Receita bruta com vendas		1.156.680,00
Capital social		924.550,00
Reserva estatutária		15.000,00
Amortização acumulada		40.000,00
Juros recebidos		49.000,00
Fornecedores		200.000,00
Lucros acumulados		12.500,00
PDD		6.270,00
Recuperação de despesas		89.840,00
Salários a pagar		93.950,00
Reserva de ágio na emissão de ações		40.000,00
Lucro na venda de imobilizado		140.000,00
Provisão para férias		120.000,00
Financiamentos (vencimento 20X4)		100.000,00
Empréstimos bancários		350.000,00
Reservas orçamentárias		15.000,00
Adiantamentos de clientes		46.160,00
Títulos a pagar		228.670,00
Provisão para perdas com investimentos		80.000,00
Depreciação acumulada		185.660,00
Reserva legal		180.290,00
Reserva de reavaliação		154.780,00
Contribuição social a recolher		170.000,00
Descontos obtidos		131.000,00
Aluguéis recebidos antecipadamente		110.000,00
Totais	4.639.350,00	4.639.350,00

Exercício 21

BALANCETE DE VERIFICAÇÃO
CIA. CAROL S.A.
28.11.20X0

Contas	Saldo devedor (R$)	Saldo credor (R$)
Disponibilidades	304.350,00	
Duplicatas a receber	690.000,00	
Estoques	540.000,00	
Empréstimos a diretores	288.000,00	
Participações em coligadas	780.000,00	
Terrenos não de uso	1.080.000,00	
Terrenos em uso	600.000,00	
Impostos s/vendas	204.000,00	
CMV	660.000,00	
Despesas administrativas	72.000,00	
Despesas com vendas	108.000,00	
Despesas financeiras	64.000,00	
Máquinas	30.000,00	
PDD		10.350,00
Receita bruta com vendas		1.200.000,00
Lucro na venda de imobilizado		220.000,00
Receitas financeiras		60.000,00
Fornecedores		780.000,00
Encargos sociais a recolher		480.000,00
Empréstimos a pagar		240.000,00
Financiamentos (vencimento 20X4)		300.000,00
Títulos a pagar		330.000,00
Capital social		1.200.000,00
Reserva legal		150.000,00
Reserva estatutária		30.000,00
Reserva de lucros a realizar		60.000,00
Reserva de reavaliação		210.000,00
Reserva de ágio na emissão de ações		120.000,00
Lucros/prejuízos acumulados		30.000,00
Totais	5.420.350,00	5.420.350,00

Nas datas subseqüentes ocorreram as seguintes transações:

30.11.20X0 — a) desconto de duplicatas a receber no valor de R$ 590 mil; todas com vencimento para 31.1.20X1; o banco cobrou R$ 59 mil de juros;
   b) uma duplicata não descontada no valor de R$ 5.350,00 foi considerada incobrável.

20.12.20X0 — Venda dos terrenos de uso por R$ 500 mil à vista.

31.12.20X0 — a) calcule a depreciação anual à taxa de 10%;
   b) constitua a PDD à base de 4%;
   c) encerre o resultado do exercício;
   d) calcule a PIR à base de 30% do Lair;
   e) constitua a reserva legal (5% do LLE);
   f) levante a DRE;
   g) levante o balanço patrimonial.

Exercício 22

1. Determinada empresa possuía em 20X1 um estoque inicial no valor de R$ 134 mil. Efetuou compras no valor de R$ 246 mil. Apurou um estoque final no valor de R$ 210 mil. As vendas no período importaram no valor de R$ 196 mil. Considerando-se que havia um saldo inicial na conta bancos no valor de R$ 300 mil, pede-se:
   - apurar contabilmente o valor do CMV;
   - demonstrar o resultado do exercício.

2. Determinada empresa adquiriu em 20X0 mercadorias para revenda no valor total de R$ 2 mil. Durante o período a receita com vendas foi de R$ 3.500,00. Sabendo-se que o estoque final era de R$ 1.500,00 e o estoque inicial de R$ 1 mil, pede-se:
   - Apurar o CMV e o valor das mercadorias disponíveis para a venda (EI + C).

Exercício 23

Em 30.11.X1, a empresa Danicar apresentava o balancete de verificação abaixo. Ao longo do mês de dezembro ocorreram as seguintes transações:

1. Recebimento em cheque de duplicatas a receber no valor de R$ 1 mil, mais juros de 10% por causa do atraso no pagamento efetuado pelo cliente.
2. Depósito em dinheiro efetuado em conta bancária no valor de R$ 1 mil.
3. Venda à vista de mercadorias no valor de R$ 3.750,00 (valor recebido em cheque e depositado no banco).

4. Pagamento a fornecedores, em cheque, no valor de R$ 1 mil, menos 10% de desconto, por conta da antecipação no pagamento.

Sabendo-se que a empresa adota o sistema de inventário periódico e considerando que o estoque final, inventariado em 31.12.20X1, importou na quantia de R$ 2.500,00, pede-se:

- apuração contábil e extracontábil do CMV;
- apurar a PIR à base de 40%;
- levantar a DRE e o balanço patrimonial.

BALANCETE DE VERIFICAÇÃO		
Contas	Saldo devedor (R$)	Saldo credor (R$)
Salários a pagar		200,00
Despesas com vendas	200,00	
Caixa	1.000,00	
Juros recebidos		275,00
Máquinas	1.250,00	
Mercadorias em EI	500,00	
Descontos obtidos		100,00
Contas a pagar		500,00
Compras	7.750,00	
Juros pagos	200,00	
Capital social		4.125,00
Despesas administrativas	250,00	
Receita bruta com vendas		8.250,00
Duplicatas a receber	3.000,00	
Descontos concedidos	50,00	
Bancos	1.750,00	
Lucros acumulados		1.500,00
Fornecedores		1.000,00
Totais	15.950,00	15.950,00

Exercício 24

Em 1.12.20X0, a empresa Cardani S.A. apresentava o balancete de verificação abaixo demonstrado. Ao longo do mês de dezembro, ocorreram as seguintes transações:

6.12.20X0 — Pagamento de duplicata devida a fornecedores com vencimento em 30.11.20X0 no valor de R$ 2 mil, mais 10% de juros.
10.12.20X0 — Pagamento do Cofins e do PIS.
15.12.20X0 — Compra a prazo de mercadorias no valor de R$ 18 mil.
20.12.20X0 — Recebimento de duplicatas de clientes no valor de R$ 5 mil, com desconto de 10% por causa da antecipação no vencimento.
23.12.20X0 — Compra a prazo de veículo para uso da empresa no valor de R$ 8 mil.
29.12.20X0 — Venda à vista de mercadorias no valor de R$ 19 mil.

Sabendo-se que a empresa adota o sistema de inventário periódico e considerando que o EF, inventariado em 31.12.20X0, importou a quantia de R$ 8.300,00, pede-se:

- constituir a PDD pelo método da reversão à taxa de 5%;
- apuração extracontábil e contábil do CMV;
- apurar a PIR à base de 35%;
- levantar a DRE;
- levantar o balanço patrimonial.

BALANCETE DE VERIFICAÇÃO (1.12.20X0)		
Contas	**Saldo devedor (R$)**	**Saldo credor (R$)**
Cofins a recolher		500,00
Despesas administrativas	750,00	
Lucros/prejuízos acumulados	2.000,00	
Disponibilidades	7.950,00	
Abatimentos concedidos	250,00	
Fornecedores		2.700,00
Juros pagos	600,00	
Compras	19.000,00	
Salários a pagar		1.900,00
Despesas com vendas	500,00	
Juros recebidos		680,00
PIS a recolher		300,00
Estoque de mercadorias (EI)	1.300,00	
Descontos obtidos		220,00
Capital social		15.300,00
Equipamentos	3.100,00	
Receita bruta com vendas		21.000,00
PDD		450,00

BALANCETE DE VERIFICAÇÃO (1.12.20X0)		
Contas	Saldo devedor (R$)	Saldo credor (R$)
Descontos concedidos	100,00	
Duplicatas a receber	7.500,00	
Totais	43.050,00	43.050,00

Exercício 25

Em 31.10.20X1 a empresa Carol S.A. levantou o seguinte balancete de verificação:

Contas	Saldo devedor (R$)	Saldo Credor (R$)
Despesas com vendas	663,00	
Gastos pré-operacionais	6.000,00	
Impostos incidentes sem vendas	2.750,00	
CMV	8.875,00	
Despesas administrativas	2.500,00	
Impostos a recuperar	500,00	
Disponibilidades	15.000,00	
Participação em coligadas	4.000,00	
Equipamentos	3.700,00	
Duplicatas a receber	26.035,00	
Despesas financeiras	227,00	
Estoques	13.680,00	
Empréstimos a coligadas	1.028,00	
Impostos s/vendas	800,00	
Salários a pagar		886,00
PDD		500,00
Reserva de reavaliação		2.000,00
Financiamentos (LP)		10.957,00
Amortização acumulada		1.000,00
Receitas financeiras		3.418,00
Empréstimos bancários		13.000,00
Lucros acumulados		500,00
Receitas não-operacionais		500,00
Fornecedores		19.760,00
Depreciação acumulada		375,00

Contas	Saldo devedor (R$)	Saldo Credor (R$)
Capital social		12.500,00
Reserva legal		1.500,00
Reservas estatutárias		2.200,00
Receita bruta com vendas		13.467,00
Reserva de doação		2.300,00
Provisão para perdas com investimentos		895,00
Totais	85.758,00	85.758,00

Obs.: a empresa só comercializa o produto ZW. A composição dos estoques em 31.10.20X1 era de mil unidades a R$ 13,68 cada, valorizadas pelo custo médio.

Nas datas seguintes ocorreram as seguintes transações:

5.11.20X1 — Compra à vista de 200 unidades do produto ZW ao preço unitário de R$ 12,60.

13.11.20X1 — Pagamento de duplicatas devidas ao fornecedor JR Ltda. no valor de R$ 9.760,00.

23.11.20X1 — Venda a prazo de 400 unidades do produto ZW pelo total de R$ 6.065,00.

30.11.20X1 — Desconto de duplicatas no valor total de R$ R$ 20 mil, todas com vencimento para 31.1.19X2. O banco cobrou R$ 1 mil de juros.

5.12.20X1 — Aquisição à vista de um terreno pelo valor total de R$ 20.720,00. Tal terreno será futuramente alugado pela Carol S.A. para obtenção de renda.

8.12.20X1 — Compra a prazo de 800 unidades do produto ZW pelo preço unitário de R$ 13,68.

22.12.20X1 — Venda a prazo de 1.500 unidades do produto ZW pelo preço total de R$ 25.900,00.

30.12.20X1 — a) apropriar as despesas financeiras do desconto de duplicatas;
  b) constituir a PDD à alíquota de 5% sobre o saldo final das duplicatas a receber;
  c) contabilizar a depreciação e a amortização referentes ao ano de 20X1 às alíquotas de 10 e 20%, respectivamente;
  d) apurar o resultado do exercício à alíquota de 35%;
  e) constituir a reserva legal nos limites estabelecidos pela Lei n. 6.404/76;
  f) propor a distribuição de dividendos: 90% do LLE;
  g) levantar a DRE;
  h) levantar o balanço patrimonial.

Obs.: utilize a ficha de controle de estoque abaixo para apuração do custo médio dos estoques.

FICHA DE CONTROLE DE ESTOQUE PRODUTO ZW									
DATA	ENTRADA			SAÍDA			SALDO		
	Q	PU	PT	Q	PU	PT	Q	PU	PT
31.10.20X1							1.000	13,68	13.680,00

Exercício 26

Considere o balancete de verificação abaixo, levantado em 31.10.20X0.

Contas	Saldo devedor (R$)	Saldo credor (R$)
Reserva de lucros a realizar		76.000,00
Encargos sociais a recolher		300.000,00
Adiantamentos de clientes		171.200,00
Depreciação acumulada		136.800,00
Receita bruta com vendas		1.520.000,00
Empréstimos bancários (20X1)		304.000,00
Reserva de reavaliação		266.000,00
Reserva legal		190.000,00
Aluguéis recebidos antecipadamente		418.000,00
Reserva estatutária		38.000,00
Reserva de doação de bens		82.000,00
Capital social		1.520.000,00
Receitas financeiras		76.000,00
Reserva de ágio na emissão de ações		59.800,00

Contas	Saldo devedor (R$)	Saldo credor (R$)
Fornecedores		988.000,00
Lucro na venda de imobilizado		172.200,00
Financiamentos (vencimento 20X3)		380.000,00
Amortização acumulada		52.000,00
PDD		20.000,00
Estoque de mercadorias*	684.000,00	
Despesas financeiras	230.400,00	
Obras de arte	560.000,00	
CMV	836.000,00	
Participações em controladas	700.000,00	
Aluguéis pagos antecipadamente	112.000,00	
Gastos com reorganização	260.000,00	
Despesas administrativas	91.200,00	
Duplicatas a receber	874.000,00	
Empréstimos a diretores	364.800,00	
Despesas com vendas	136.800,00	
Antecipação de salários	100.000,00	
Edificações	868.000,00	
Disponibilidades	385.510,00	
Despesa com aluguéis recebidos antecipadamente	38.000,00	
Contas a receber (vencimento 20X4)	519.290,00	
Lucros/prejuízos acumulados	10.000,00	
Totais	6.770.000,00	6.770.000,00

* A empresa valoriza o estoque pelo custo médio. Em 31.10.20X0 a composição dos estoques era de 500 unidades ao custo médio de R$ 1.368,00, perfazendo o total de R$ 684 mil. A empresa comercializa apenas o produto Z.

Durante os meses subseqüentes ocorreram as seguintes transações:

5.11.20X0 — Compra de cem unidades do produto Z ao preço de R$ 2.160,00 cada unidade. A compra foi paga da seguinte forma: R$ 5.510,00 em dinheiro e o restante a pagar em 5.1.20X1.

10.11.20X0 — Pagamento de duplicatas devidas ao fornecedor Beta Ltda. no valor de R$ 300 mil.

20.11.20X0 — Venda a prazo de 300 unidades do produto Z pelo valor de R$ 3 mil cada unidade.

5.12.20X0 — Compra a prazo, para pagamento em 30 dias, de cem unidades do produto Z ao preço de R$ 4.500,00 cada unidade.

9.12.20X0 — Recebimento de duplicata devida pelo cliente Alfa S.A. no valor de R$ 274 mil.

20.12.20X0 — Venda a prazo de cem unidades do produto Z ao preço de R$ 5 mil cada unidade.

31.12.20X0 — a) constituir a PDD considerando que a média das perdas dos últimos três anos foi de 1,5%;
　　　　　　　b) calcular a depreciação e a amortização anuais a taxas de 10 e de 20%, respectivamente;
　　　　　　　c) havendo lucro, apurar a PIR à alíquota de 25%;
　　　　　　　d) havendo lucro, constituir as seguintes reservas:
　　　　　　　　　legal: 5%;
　　　　　　　　　estatutária: 10%;
　　　　　　　　　orçamentária: 8%.

Após proceder às contabilizações solicitadas, levante a DRE e o balanço patrimonial. Utilize a ficha de controle de estoque a seguir:

DATA	FICHA DE CONTROLE DE ESTOQUE PRODUTO Z								
	ENTRADA			SAÍDA			SALDO		
	Q	PU	PT	Q	PU	PT	Q	PU	PT
31.10.20X1							500	1.368,00	684.000,00

Exercício 27 (testes de concursos públicos federais)

1. Determinada empresa possui R$ 315 mil de custo fixo. Seu preço unitário de venda é igual a R$ 126,00. O custo variável unitário é igual R$ 81,00. Pede-se: PE em quantidade e em R$. Nesta situação, quantas unidades precisarão ser produzidas para que a empresa tenha um lucro de R$ 6.300,00. Se o CF aumen-

tar em 30%, qual será a repercussão no PE? Se o Cvu (custo variável unitário) aumentar em 50%, qual será a repercussão no PE? E se a alteração for no preço de venda, de R$ 126,00 para R$ 135,00, como fica o novo PE?

2. Considere os dados abaixo:

Estoques (R$)	Inicial	Final
Matéria-prima	24,00	18,00
Produtos em elaboração	12,00	15,00
Produtos acabados	9,00	45,00

Sabendo-se que:
- o custo dos produtos vendidos foi de R$ 21,00;
- os custos de mão-de-obra direta foram de R$ 30,00;
- os gastos gerais de fabricação foram de R$ 24,00;
- não foram feitas aquisições de matérias-primas;
- foram produzidas dez unidades.

No período, qual foi o custo unitário de produção do produto acabado?

3. Considere os seguintes dados:
   Vendas em maio de 2000 — 30 unidades por R$ 270,00.
   Matéria-prima — Estoque em 1.5.2000 — R$ 6,00.
   Produtos acabados — Estoque em 1.5.2000 — R$ 24,00 (oito unidades).
   Gastos incorridos em maio de 2000:
   - compra de matéria-prima por R$ 36,00;
   - mão-de-obra direta empregada no valor de R$ 40,00;
   - gastos gerais de produção no valor de R$ 15,00;
   - despesas comerciais no valor de R$ 60,00;
   - despesas administrativas no valor de R$ 20,00;
   - despesas financeiras no valor de R$ 4,00;
   - matéria-prima em estoque em 31.5.2000: R$ 13,00;
   - produtos acabados em estoque em 31.5.2000: seis unidades.

   Não existiam estoques inicial e final de produtos em elaboração.
   Pede-se: o valor do custo unitário de produção e a DRE segundo o custeio por absorção referentes ao mês de maio/2000.

4. A indústria de bebidas Beta S.A. trabalha com custos indiretos reais de fabricação. O custo de produção é sempre calculado no fim do mês, depois de apurados todos os custos. As informações abaixo dizem respeito ao mês de dezembro de 1999:

CUSTOS INDIRETOS DE FABRICAÇÃO	R$
Aluguel	3.000,00
Materiais indiretos	2.500,00
Mão-de-obra indireta	5.000,00
Seguros	1.500,00
Energia elétrica	500,00
Depreciação das máquinas industriais	7.500,00
Total	20.000,00

Outras informações:

PRODUTOS	VOLUME PRODUZIDO	MP CONSUMIDA	MOD	HORAS DE MOD TRABALHADAS
Cerveja	20.000 litros	R$ 3.000,00	R$ 3.000,00	800 horas
Refrigerante	10.000 litros	R$ 1.000,00	R$ 3.000,00	700 horas
Total	30.000 litros	R$ 4.000,00	R$ 6.000,00	1.500 horas

Com base nos dados anteriores, pede-se o valor dos custos indiretos de fabricação rateados usando-se o custo primário como critério de rateio.

5. A Cia. Alfa apresentou os seguintes dados referentes a seu último mês de atividade:

- Capacidade produtiva — 13 mil unidades
- Produção efetiva = Vendas — dez mil unidades
- Custos fixos — R$ 18 mil
- Despesas fixas — R$ 12 mil
- Custos variáveis — R$ 4,00 por unidade
- Despesas variáveis — R$ 0,60 por unidade
- Preço de venda — R$ 9,00

A empresa recebe uma proposta de exportação de duas mil unidades de seu produto por R$ 5,00 cada unidade. Deve aceitar ou rejeitar tal proposta? Para responder a essa questão, levante a DRE pelo custeio por absorção (antes e depois da proposta).

Referências bibliográficas

BEGALLI, Glaucos Antoonio; JÚNIOR, Jose Hernandez Perez. *Elaboração das demonstrações contábeis*. 2. ed. São Paulo: Atlas, 1999.
GOUVEIA, Nelson. *Contabilidade básica*. 2. ed. São Paulo: Harbra, 1993.
IUDÍCIBUS, Sérgio de. *Análise de balanços*. 5. ed. São Paulo: Atlas, 1988.
IUDÍCIBUS, Sérgio de; MARION, Jose Carlos. *Contabilidade comercial*. 3. ed. São Paulo: Atlas, 1993.
_____. *Manual de contabilidade para não contadores*. São Paulo: Atlas, 1992.
MARION, Jose Carlos. *Contabilidade empresarial*. 4. ed. São Paulo: Atlas, 1990.
MARTINS, Eliseu; IUDÍCIBUS, Sérgio de. (Equipe de Professores da FEA/USP.) *Contabilidade introdutória*. 8. ed. São Paulo: Atlas, 1993.
MARTINS, Eliseu; IUDÍCIBUS, Sérgio de; GELBCKE, Ernesto. *Manual de contabilidade das sociedades por ações*. 4. ed. São Paulo: Atlas, 1995.
NEVES, Silvério das; VICECONTI, Paulo E. V. *Contabilidade avançada*. 7. ed. São Paulo: Frase, 1998.
_____. *Contabilidade básica*. 2. ed. São Paulo: Frase, 1994.
_____. *Contabilidade de custos*. 6. ed. São Paulo: Frase, 2000.
RIBEIRO, Osni Moura. *Contabilidade comercial*. 8. ed. São Paulo: Saraiva, 1995.
_____. *Contabilidade geral*. São Paulo: Saraiva, 1997.
WALTER, Milton Augusto. *Introdução à contabilidade*. Vol. 1. São Paulo: 1981.
WOLFGANG, Hurt Schrichel. *Demonstrações contábeis — Abrindo a caixa-preta*. São Paulo: Atlas, 1997.

Sobre o autor

Raimundo Aben Athar é contador, formado pela Universidade Gama Filho, e pós-graduado em Metodologia do Ensino Superior, também pela Universidade Gama Filho, e em Administração Financeira, pela Fundação Getúlio Vargas/RJ. Possui MBA em Finanças e é mestrando em Gestão Empresarial.

Contando com uma experiência de 28 anos na área financeira, Raimundo Aben Athar é professor em cursos de MBA e pós-graduação da Fundação Getúlio Vargas e da Universidade do Estado do Rio de Janeiro, além de professor de graduação da Universidade Cândido Mendes e da Faculdade Moraes Júnior, instituições em que leciona controladoria, finanças corporativas, finanças bancárias, contabilidade societária e contabilidade de custos.

Ainda no campo das 'finanças', Raimundo Athar exerceu outras atividades importantes, em empresas de renome, como Banco do Estado do Rio de Janeiro (Banerj) e bancos Bozzano Simonsen e Itaú, aplicando, na prática, os conceitos de contabilidade ministrados em suas aulas.

Índice

A

Acionista (*veja também* Sócio), 18, 22, 34, 39, 92-93, 165
Ações, 34
   em tesouraria, 72
   ordinárias, 34, 60-61
   preferenciais, 34, 60-61
   valor patrimonial, 165
Agentes econômicos, 5, 92-93
Amortização, 111-112
Análise de balanços
   horizontal ou de evolução, 147-150
   importância, 144-145
   limitações, 145-146
   por índices ou quocientes, 150-151
      de estrutura ou endividamento, 154-158
      de liquidez, 151-154
      de rentabilidade, 162-164
      do mercado de capitais, 164-165
      operacionais, 158-162
   vertical ou de composição, 146-147
Aplicação de recursos, 1, 3, 5
   de despesas, 58-59
   demonstração, 78-85
   inicial, 3

Aplicações financeiras de liquidez imediata, 101
ARE (apuração do resultado do exercício), 36-39, 51, 130
Ativo, 3-4, 7, 10-16, 18-28, 34, 44
   circulante, 9, 19-20, 55-59, 81-85
   especializações, 5
   giro do, 161-162
   operacional, 161, 163-164
   permanente, 61-63, 81-85, 111
   realizável a longo prazo, 59-61
   retorno sobre o, 163-164
   total, 161-164
Axioma, 47

B

Balancete de verificação, 34-36
   analítico, 35
   sintético, 36
Balanço patrimonial, 4, 12, 20, 45, 50-51, 55-74, 147
   estrutura, 73-74
   grupos de contas, 55
Balanço social, 86

Bens (*veja também* Ativo), 2-4, 7, 10-12, 18-19, 21, 23, 27-28
   de consumo, 7-8
   de renda, 7-8
   de venda, 7-8
   fixos ou imobilizados, 7-8
   imateriais, 7-8
   materiais, 7-8, 42
   numerários, 7-8
   realizáveis, 57-58
Bolsas de Valores, 78

C

Caixa, 101
Capital
   aberto, 78
   aumento de, 22
   circulante líquido, 78, 80-85
   de terceiros, 1-2, 4, 7, 10, 19, 25, 27, 93, 155-156
   inicial, 12, 18, 24
   próprio (ou patrimônio líquido), 1-4, 7, 10, 14, 18-19, 21-22, 24-25, 38, 157
   reserva de, 68
   social, 4, 12, 18-19, 24, 67-68, 84

CCL (capital circulante líquido), 78, 80-85
Ciclo financeiro ou de caixa, 160-161
Ciclo operacional, 58, 160
CIF (custos indiretos de fabricação), 125-126, 136
CLT (Consolidação das Leis do Trabalho), 106
CMV (custo da mercadoria vendida), 15, 17, 24, 37, 115-120, 147
Cofins, 64
Complementação, 32
Composição das exigibilidades, 156
Conselho Federal de Contabilidade, 47
Conta, 26-28, 34, 38-39
  analítica, 44
  ARE, 36-39
  ativo circulante, 56-59
  ativo permanente, 61-63
  ativo realizável, 59-61
  circulante, 81-84
  codificação, 44-45
  de resultado, 24, 37-38, 44
  fornecedores, 23
  lucros acumulados, 24, 36-37, 40
  máquinas, 23
  não circulante, 81-84
  passivo circulante, 64-65
  passivo exigível, 65-66
  patrimonial, 24, 37, 44
  plano de, 43-45
  sintética, 44
Contabilidade de custos
  características dos custos, 124-125
  classificação dos custos, 122-124
  custeio por absorção, 136

custeio variável ou direto, 136-137
escrituração, 127-132
expressões comuns, 125-127
folha de pagamento, 134-135
introdução, 121-122
mão-de-obra, 125, 127-128, 132-135
margem de contribuição, 137-139
métodos de custeio, 135
relações custo/volume/lucro, 139-143
Contabilidade, 3, 11, 19, 25
  aplicada, 5
  de custos, 121-143
  função administrativa, 6
  função econômica, 6
  geral, 5
  princípios fundamentais, 41, 45-50, 52
    competência dos exercícios, 49
    conservadorismo, 49, 108
    consistência, 50
    continuidade, 48
    convenções ou restrições, 47
    custo histórico, 48
    denominador comum monetário, 48
    entidade, 47-48
    materialidade, 49
    objetividade, 49
    postulados contábeis, 46
    realização da receita, 48-49
CPAP (custos da produção acabada no período), 126

CPP (custos da produção no período), 126
CPV (custo do produto vendido), 17, 24, 127, 129-132, 147
Crédito, 25-27, 30-31, 34-35, 38
CSP (custo do serviço prestado), 17, 24
Custeio
  métodos, 135
  por absorção, 136
  variável ou direto, 136-137
Custo, 15, 18, 24, 28, 34, 36, 38, 40, 44, 52-53, 112-113
  características, 124-125
  CIF, 125-126
  classificação, 122-124
  conceito, 16-17
  CPAP, 126
  CPP, 126
  da mercadoria vendida, 15, 17, 24, 37, 115-120, 147
  de transformação ou conversão, 126
  direto, 122, 126
  do produto vendido, 17, 24, 127, 129-132, 147
  do serviço prestado, 17, 24
  escrituração de, 127-132
  estoque, 129
  fixo, 123-124
  folha de pagamento, 134-135
  GGF, 125-126, 128
  histórico, 48
  indireto, 122
  mão-de-obra, 125, 127-128, 132-135
  margem de contribuição, 137-139
  matéria-prima, 125, 127

métodos de custeio, 135-137
primário, 126
relações custo/volume/lucro, 139-143
semifixo, 124
semivariável, 123
variável, 123-124
CVM (Comissão de Valores Mobiliários), 69, 71, 76, 79-80

D

Debêntures, 9, 66
Débito, 25-27, 30-31, 34-35, 38
Deflator, 149
Demonstração de fontes e usos de capital de giro líquido (*veja também* DOAR), 78
Demonstração do fluxo de caixa, 101
   equação, 101-103
   método direto, 103
   método indireto, 104
Demonstração do fluxo de fundos (*veja também* DOAR), 78
Demonstrações contábeis (ou financeiras), 3, 5, 48, 59, 144
   balanço patrimonial, 55-74
   demonstração do fluxo de caixa, 101-104
   DLPA, 74-75
   DMPL, 76-77
   DOAR, 78-85
   DRE, 52-54
   DVA, 86-101
   elaboração, 33
   levantamento, 50-51

Dependência financeira (ou endividamento geral), 154
Depreciação, 112-114
   acumulada, 113
   despesas com, 113
   método linear, 114
Desembolso, 16
Despesa, 14-15, 17-18, 22, 24, 28, 34, 36-38, 40-44, 49, 52-53, 58, 112-113, 134
   antecipada, 56
   com depreciação, 113
   conceito, 15-16
   efetiva, 111
   operacional, 54
Diferido, 63
Direitos (*veja também* Ativo), 2-4, 7-8, 10-12, 18-19, 21, 27-28
   créditos de financiamento, 9
   créditos de funcionamento, 9
   realizáveis, 57-58
Disponibilidades, 56-57
Dívidas (*veja também* Obrigações), 2-3, 9-10
Dividendo, 34
DLPA (demonstração de lucros ou prejuízos acumulados), 74-75
   distribuição de, 39
DMPL (demonstração das mutações do patrimônio líquido), 76
DOAR (demonstração das origens e aplicações de recursos), 78-80
   contas circulantes, 81-84
   contas não circulantes, 81-84
   estrutura, 77

   estrutura, 85
   finalidade, 81
DRE (demonstração do resultado do exercício), 37, 45, 50-53, 59, 89, 93-94, 147
Duplicatas, 57-58
   a pagar, 159
   a receber, 159
   descontadas, 110-111
   estrutura, 53-54
   prazo de recebimento, 159
DVA (demonstração do valor adicionado), 86-88
   elaboração, 89-94
   estrutura, 94-97
   juros nas empresas, 98-100
   perspectivas no Brasil, 100-101

E

ELP (exigível a longo prazo), 81-85
Empresa
   coligada, 60
   controlada, 60
Equação fundamental da contabilidade (ou equação do balanço), 4, 12, 17, 25
Equivalente de caixa, 57, 101
Escrituração contábil, 50
Estoque, 57
   avaliação, 114-115
   custo médio, 120
   de produtos acabados, 129
   de produtos em elaboração, 129
   desvalorização, 108-109
   inventário periódico, 115-118
   inventário permanente, 118-120

método Peps, 119-120
método Ueps, 119-120
prazo médio de estocagem, 158-159
rotação, 158
valorização, 114-115
Estorno, 31-32
Exercício social, 33-34
  apuração do resultado, 36-39, 51, 130
  distribuição do resultado, 39-40

F

Fasb (Financial Accounting Standards Board), 101
Fatos contábeis (ou eventos contábeis), 48
  mistos, 22-23
  modificativos, 22
  permutativos, 21-22
  registro dos, 23-25
FGTS (Fundo de Garantia por Tempo de Serviço), 64, 132-133
FGV, 149
Financiamento, 65
Fipecafi, 46-47
Fluxo de caixa, 43
Folha de pagamento, 134-135
  demonstração, 101-104
Funcionário (*veja também* mão-de-obra), 93

G

Garantia de capital de terceiros, 155
GGF (gastos gerais de fabricação), 125-126, 128, 136
Giro
  do ativo operacional, 161
  do ativo total, 161-162
Governos, 93

I

ICMS (Imposto sobre a Circulação de Mercadorias e Serviços), 28, 64
IGPM (Índice Geral de Preços no Mercado), 149
Imobilização
  de recursos próprios, 157
  dos recursos permanentes, 156-157
Imobilizado, 61-62
Imposto de renda, 53, 65-66
Imputação dos serviços de intermediação financeira, 99
Incra, 132-133
Independência financeira, 155
Indicadores
  econômico-financeiros, 151-165
Inflator, 149
Informação contábil, 53
INSS, 64
  usuários, 4-6
Instituto Brasileiro de Contadores (Ibracon), 94
Investimento, 14, 17-18, 61
  conceito, 16
  temporário, 57
IPI (Imposto sobre Produtos Industrializados), 28, 64
IRPJ, 66

J

Juros

L

Lair (lucro antes do imposto de renda), 37, 39, 54
  cobertura, 157-158
Lalur (livro de apuração do lucro real), 28
Lançamentos, 24-26
  complementação, 32
  estorno, 31-32
  retificação, 31-32
  transferência, 32
Lei das S.A. (*veja também* Lei das Sociedades por Ações), 39, 51, 55-56, 69-72, 75-76, 78-79, 94
Lei das Sociedades por Ações (*veja também* Lei das S.A.), 50, 52-53, 72, 105
Liquidez
  corrente, 151-152
  geral, 153
  imediata, 153-154
  seca, 151-153
Livros contábeis (*veja também* Livros fiscais), 51
Livros fiscais (ou de escrituração), 28
  diário, 28-30
  razão, 28, 30-31, 35, 51
LLE (lucro líquido do exercício), 37, 54
LOB (lucro operacional bruto), 53-54
LOL (lucro operacional líquido), 54
Lucro, 4, 6, 17-19, 36, 38-39, 53, 121
  acumulado, 19, 24, 71-72, 74-75
  distribuição de, 19, 22
  Lair, 37, 39, 54
  líquido do exercício, 37, 54
  operacional bruto, 53-54
  operacional líquido, 54
  por ação, 164-165

relações custo/volume/lucro, 139-143
reserva de, 19, 24, 70-71

M

Mão-de-obra
   custo, 132-134
   direta, 125, 127-128, 132, 134-135
   folha de pagamento, 134-135
   indireta, 125, 132, 134-135
Margem
   bruta, 162
   de contribuição, 137-139
   líquida, 163
   operacional, 162-163
Matéria-prima, 127
Mercado de capitais
   consumida, 125
   índices, 164-165
Método das partidas dobradas, 25-28, 34-35
MOD (mão-de-obra direta), 125, 127-128, 132, 134-135
MOI (mão-de-obra indireta), 125, 132, 134-135

O

Obrigações (*veja também* Passivo: exigível), 2-4, 7, 9-11, 14, 18, 21, 23, 27-28, 106
   débitos de financiamento, 9
   débitos de funcionamento, 9
Orçamento, 122
Origem de recursos, 3, 19
   demonstração, 78-85
   externa (ou capital de terceiros), 1-2, 4-5, 7

interna (ou capital próprio), 1-5, 7, 24

P

Participação de capitais de terceiros, 156
Passivo
   a descoberto, 11
   circulante, 64-65, 81-85
   exigível, 3-4, 7, 10-16, 18-26, 28, 34, 36, 38, 44, 65-66
Patrimônio líquido (PL), 3-4, 7, 11-26, 28, 34, 36, 38, 44, 52, 67-72, 81-84
   demonstração das mutações, 76-77
   formação, 10-11
   retorno sobre o, 164
Patrimônio, 7
Peps (ou Fifo), 119-120
   bruto, 10
PIB (produto interno bruto), 98-100
PIR (provisão para imposto de renda), 24, 36-38, 54
PIS, 64
Plano de contas, 43-44
PNB (produto nacional bruto), 98-99
   estrutura, 44-45
PNL (produto nacional líquido), 98-99
Postulado, 47
Prazo médio
   de estocagem, 158-159
   de pagamento, 160
   de recebimento, 159
Preço/Lucro (P/L), 165
Prejuízo, 17-18, 36, 53-54
Previdência Social, 64, 132-133

acumulado, 71-72, 74-75
Princípio de competência dos exercícios, 43
Princípio, 47
Produto nacional, 86
Proprietário (*veja também* Acionista), 93
Provisão, 106
   desvalorização de estoques, 108-109
   férias e 13° salário, 106-107
   para devedores duvidosos, 107-108
   perdas com investimentos, 109-110

Q

Quotista, 39, 47-48

R

Razonete, 31, 38
Receita, 14, 18, 22, 24, 28, 36-38, 40-44, 49, 52-53
   conceito, 15
   operacional bruta, 53
   operacional líquida, 53
   realização da, 48-49
REF (resultados de exercícios futuros), 81-82, 84
Regime
   de caixa, 40, 42-43
   de competência, 40-42
Reinvestimento, 19
Relatórios contábeis (*veja também* Demonstrações contábeis), 5-6
Renda, 88
Reserva
   de capital, 68
   de lucros, 70-71
   de reavaliação, 69-70

Resultado
  conceito, 17-19
  contas de, 24
  de exercícios futuros, 66-67
  formação, 11-15
  não-operacional 54
Resultado bruto da intermediação financeira, 99
Retorno
  sobre o ativo operacional, 163-164
  sobre o ativo total, 163-164
  sobre o patrimônio líquido, 164
Revolução Industrial, 45
Riqueza própria, 10
RLP (realizável a longo prazo), 81-85
RNO (resultado não-operacional), 54

ROB (receita operacional bruta), 53
ROL (receita operacional líquida), 53
Rotação
  duplicatas, 159
  estoques, 158

S

Sebrae, 133
Senac, 132-133
Senai, 132-133
Sesc, 132-133
Sesi, 132-133
Situação líquida, 2, 7
Sociedade anônima (ou sociedade por ação), 34, 39, 60-61, 74, 78
Sócio (*veja também* Acionista), 47-48

T

Teoria patrimonialista, 24

Transação
  não-operacional, 60
  operacional, 60
Transferência, 32

U

Ueps (ou Lifo), 119-120

V

Valor adicionado, 86-88
  apuração contábil, 89-92
  apuração da destinação, 92-94
  demonstração, 89
  estrutura da demonstração, 94-97
Valor residual, 114
VPA (valor patrimonial da ação), 165